# 忌狩怪談 闇路

若本衣織



竹書房
怪談
文庫

※本書に登場する人物名は、様々な事情を考慮してすべて仮名にしてあります。また、作中に登場する体験者の記憶と体験当時の世相を鑑み、極力当時の様相を再現するよう心がけています。現代においては若干耳慣れない言葉・表記が登場する場合がありますが、これらは差別・侮蔑を意図する考えに基づくものではありません。

# まえがき

日本の国土について習ったのは、小学校何年生のときだっただろうか。

この島国は沢山の人口を抱えていながら、土地の七割が山地であり、可住地は極めて少ない。また約一億人が標高百メートル以下の場所に居住しており、それは国土面積の四分の一ほどでしかないそうだ。それだけ人が密集していれば、自ずと恐ろしいことも起こるだろう。

では、残りの七割はどうだろうか。

人が容易く立ち入れない世界には、人智の及ばない、恐ろしいものが住んでいるはずだ。山地と宅地のあわいで育った私は、幼い頃からそう考えていた。

怖い話、不思議な話を集め始めて随分経つが、本当に嫌な話は境界線上で起こることが多いと常々実感している。山と里、家と余所（よそ）、上階と下階、人間と獣、合流点と分岐点、アナログとデジタル。これらが曖昧に混ざり合う場所は、いつだって仄かに暗い。

本書は、様々な「あわい」で起こった奇妙な出来事を掬いあげ、一冊にまとめたものだ。暗い道を逸れぬよう、著者と手を取り、最後まで駆け抜けていただけたら本望である。

# 目次

# 寝ずの番

新田さんが生まれた家は、かなり困窮していた。

噛んだガムを溜めておいて、月末にはそれに砂糖を混ぜ込んで再び噛むことで空腹を凌いだというのだから相当なものだ。

貧乏子沢山。避妊を知らない両親は次々に子供を産んだ。

新田さん自身、両親が二十代半ばの頃の子供だったが、下には妹弟が更に二人ずついる。

父も母も、共に労働が嫌いだった。住むところも一所に落ち着かず、父は塗装工を、母は何某かの内職をして生計を立てながらも、問題を起こす度に職場や住み処を転々としていた。

両親に子供への愛情があったかは定かではない。今でいうネグレクトに近い状態で、新田さんはきょうだいとともに薄汚い格好で近所を彷徨いて時間を潰すのが常だった。

そんな暮らしぶりなので、何処に引っ越してみても、一週間もしないうちに近所の人からは避けられるようになった。コンビニやスーパーマーケットで人目を避けて廃棄弁当漁りをする姿は野良犬のようだったと、新田さんは述懐する。

年に数度、いよいよ家の中をひっくり返しても金も食べるものもなくなる日があった。

だが、そんなときに限って、ふと思いついたように父が「外食しよう」と言い出す。

そういう日は何だか家の中が妙にざわついていて、きょうだい同士、互いに目配せする回数が増えた。

外食は、毎度例外なく必ずホルモン屋が選ばれた。

父も母も随分と酒を飲むし、子供達も腹いっぱい食べ物を掻っ込む。

いつもは少ない食事を分け合って互いに牽制してばかりいるのに、この日だけは両親もやけに食べるように勧めた。メニューの端から端まで注文したところで、何の文句も言われない。それどころか、もっと食べるように促される。

肉など、普段は無銭でありついている学校給食でしか食べる機会がない。それが堂々と、満足がいくまで食事ができる。そのことが、涙が出るほど嬉しかった。

しかし新田さんも幼心に、一体そんな金が何処から出てくるのかが心配でならなかった。

前日まで、家の周りに生えている食用可能な植物を根こそぎ抜いて天ぷらにしていたくらいの困窮ぶりである。子供の小遣いまで取り上げる両親に、切り崩せる貯金や計画性があるはずもない。

だが会計時には、決まって普段見かけない紫色の財布から代金を気前よく払って帰る。金が足りないとか、値引きしろだとかごねることもないのである。

そして外食の日には、やけに奇妙で儀式めいた慣習が併せてついてきた。ホルモン屋から帰るときには、家族で手を繋ぎ、不自然なほどに身を寄せあって歩くのだ。

父は煙草を吸いながら、小さい妹弟達と上機嫌で歌を歌う。互いに目線を交錯し、笑い合い、ふざけ合う。食べた肉の油が口元まで上がってきて嘔吐しそうになっても、無理して笑う。それが帰路での義務だった。

しかし、家が近付いてくると、家族間に僅かな緊張が走り出す。

まずは、父親が早足で歩き出し、続いて母親がそれを同じスピードで追いかける。何食わぬ顔をして、妹弟も早足で付いていく。この瞬間が、新田さんにとって最も嫌だった。

彼は、幼児のときに足を骨折し、まともな治療が受けられなかったため障害を抱えている。そもそもの怪我の原因も、居間で遊んでいた新田さんの笑い声に癇癪(かんしゃく)を起こした父親が、彼を衣装ダンスに叩きつけたことだったから救いようがない。

片足を引きずって家族を追う新田さんは、どうしても後れを取ってしまうのだ。

玄関扉が開き、両親と弟妹が次々と飛び込んでいく。負けじと新田さんも中へ駆け込むと、上がり框で仁王立ちした父親が意地悪そうな笑みを浮かべて言うのだ。

「お前、今日は寝ずの番だから」

寝ずの番とは、外食の日の最後に必ずある、新田さんにとって憂鬱な習慣だった。

難しいことではない。玄関に座り込んで、一晩中扉を見張るだけである。漫画や本を読んだりしても良いが、寝てはいけない。

これは慣例的に一番遅く家に入った人が担うことになっており、必然的に足の悪い新田さんが毎回担当することになるのだ。実際、もう幾度となく寝ずの番を経験していた。

もっと幼い頃は、眠りに勝てず船を漕ぐこともあったが、決まって両親に蹴り起こされた。真冬に水を掛けられたり、アルミの薬缶で思い切り頭を殴られたこともある。その痛みが恐怖となって身体に染み付き、小学校中学年になる頃には、自身の力で眠気に抗う術を身に付けていた。

寝ずの番には、眠らないこと以外にももう一つルールがある。

深夜、玄関扉の前に誰かが立つ気配がしたら、その気配が消えるまで目線を逸らさないことだ。幸いなことに、まだそのような機会はなかったものの、普段は豪胆な父親がやけに必死になって言い含めている姿を見て、新田さんはただならぬ雰囲気を感じたという。

ある外食の日のことだった。

いつになく上機嫌な父親が、調子に乗って新田さんに日本酒を飲ませた。以前から何度かビールを舐めさせられたことはあったものの、初めてアルコール度数の高いものが身体に入ったことから、一気に酩酊状態に陥った。真っすぐ歩くこともできない。

やはり寝ずの番は、新田さんだった。

ただ、どう頑張ってもその日は眠気に抗えそうになかった。父親の部屋から持ってきた漫画を読もうとしても、一ページも捲らないうちに瞼が落ちた。耳を澄ませば、廊下の奥から家族の高鼾が聞こえてくる。

少しくらい、眠ってしまっても大丈夫だろうか。

そう気が緩んだ瞬間、意識が飛んだ。

何かが自身の前に立つ気配がして、新田さんは覚醒した。

やってしまった。腕時計にちらりと目をやれば、午前二時を回ったところである。玄関に座り込んだ姿勢のまま、随分眠ってしまった。

両親が起こしに来たのに違いない。弁明するために顔を上げようとしたが、首が動かない。金縛りだった。

「お前らさ、ずりぃよな」

急に、そんな声が響いた。家族の誰の声でもなかった。

「割に合わねぇんだよ、こんなの。ずりぃよ。ずりぃよ」

その声は、新田さんの視界の隅から聞こえていた。姿を視認することはできないが、そこには確かに誰かが立っている。恐ろしくて息ができない。外の明かりで仄青く沈む玄関の片隅で、何者かが明確な悪意を湛えながらこちらを睨み付けている。

「分かってんだろ。お前。お前も払うんだよ」

次の瞬間、灼けるような痛みが右手に走った。

目の前で、自身の中指が徐々に真っ赤になっていくのが見える。

痛い。

痛い。

痛い。

しかし、身体はピクリとも動かない。鈍い音がして、指が九十度横を向いた。

新田さんは耐え切れず絶叫した。

「うるせぇぞ、馬鹿。何してんだ！」

ゴチンという殴打音とともに、視界に星が散った。思わず、頭を押さえる。振り返ると、そこには明らかに不機嫌な表情の父親が立っていた。

「だからあれほど寝るなって言っただろ。指が千切れる前に、絆創膏しておけ」

そう言って、何かを顔面に投げつけられた。黒いビニールテープだった。

指が千切れるとはどういうことなのか。

漸く冷静さを取り戻した新田さんは、自分の右手中指を見て唖然とした。真横を向き、骨らしきものが見えている。そこで、思い出したかのような激痛がやってきた。

新田さんは泣きながらゴミ箱から割り箸を拾って指に沿えると、襤褸布とともにビニールテープでグルグル巻きにした。

後年、新田さんは父親に、寝ずの番とは何かを訊ねた。

てっきりいつものように怒鳴り散らすか、不機嫌になって押し黙るかだろうと思いきや、やけにあっさりと父親は「言ってなかったか」と笑った。

「あのな、焼肉代はお前の兄ちゃんの金なんだよ。あいつ、がめついから、遣うと取り返しに来るんだ。だから、来ないように寝ないで見張っておくんだよ。来たら、何か持ってかれちまうからな」

こんな風にな。父親はそう言って、曲がったままくっついた新田さんの指を示してゲラゲラと下品な声を上げながら大笑いした。

中学を卒業した後、新田さんは家を出た。以来、一度も帰っていない。知る限り、新田さんは長男であり、父親の言う「兄ちゃん」とやらの正体は分からずじまいなのだという。

# 盆踊り

怪談の取材をしていると遭遇するのが〈幽霊が視える〉方の体験談だ。

実は怪談を聞いた中でも三割くらいはこの〈視える〉方の話なのだが、この種の体験を纏(まと)めて、再度他の方にお聞かせするのは大変に難しい。〈視えた〉ときの臨場感や恐怖を、どう伝えたらいいのかについては、いまだに模索している。

筆者の車仲間の浩平君も、〈視える〉人だ。とはいえ、見え方が少し特殊に思える。彼に視える幽霊は、大抵いつも大きな鬼火の中にいるというのだ。

炎の中にぼんやりと座っているようなものもいるというが、かなりの率で、盆踊りよろしく踊っているのが見えるらしい。百メートル手前からでも、屋内にいても、その姿ははっきりと視える。ぼんやりとした明かりの中で、黒い影が、ただゆったりゆったり盆踊りを舞っている――。

とは言っても、視える場所に関してはまちまちだ。有名な心霊スポットでも視えるときと視えないときがある。寧(むし)ろ、公園や駐車場、団地や一般住宅のほうがよく視える。

視える基準も、幽霊の目的も、てんで分からない。

どうして踊っているのだろう。

それがいつも不思議だった。


あるとき、たまたま親戚に、自分と同じく〈視える〉人がいるという話を耳にした。

その女性は、自分がこの世ならざるものを目撃できるという能力を生かすために、占い師を生業にしているという。

浩平君はそちらに相談を持ちかけた。

「元々、盆踊りは死者を供養するための意味合いを持っていたから、浮かばれない霊が、せめて早く成仏したくて盆踊りをしているのかもしれないわね――」

彼女は少し思案してから、そう説明した。

その話を聞いてから、浩平君は踊る幽霊を見かける度に「早く成仏できますように」とひっそり手を合わせるようになった。


ある年の初夏のことだ。浩平君は出張で連日ビジネスホテルに泊まっていた。

その日は早めに仕事が終わったので、ホテル近くのコンビニで酒を買い、公園で飲もうと考えた。

酒、つまみ、翌朝飲むための紙パック入りの野菜ジュース。

袋を下げて公園に向かうと、敷地の一角にある藪の内側がぼんやりと光っている。

ああ、あれは盆踊りの幽霊だ――。

ちょうど、紙パックのジュースも買ったことだし、お供えでもしてみようか。

そう思って、茂みに目をやると、炎の中で踊る影が普段とは違っていた。

踊っているのは確かだが、盆踊りではない。まるでブレイクダンスではないか。

地面に背中を付けて、グルグル回っている。それも今まで見たこともないほどの激しさである。

盆踊りならば供養の気持ちも起きるが、ブレイクダンスは違うだろう。

浩平君がどうしたら良いだろうかと呆然としていると、たまたま犬の散歩をしていた中年女性から注意を受けた。

「ちょっと、あんた！　そんなとこ、入っちゃ駄目よ！　そこ、人死んでんのよ！」

「え。誰か亡くなっているんですか？」

やはり、そうなのか。オバサンは浩平君のことを値踏みするような目でジロジロと見ながら教えてくれた。

「あんた、この辺の人じゃないのね。そうよ。大変だったのよ。ここで、ヤンキーのお兄ちゃんがガソリンかぶって自殺しちゃったんだから！」

その言葉を耳にした瞬間、浩平君は嫌な符合に思い至った。

女性に礼を言い、急いでホテルの部屋に帰ると、彼は過去に幽霊を見た地名を、覚えている限り検索に掛けた。

火災により、焼死。

自動車事故により、焼死。

ガソリンをかぶっての焼身自殺。

放火により、焼死。

油を撒いて火を点け、一家心中。

焼死。焼死。焼死。焼死。焼死。焼死。

焼死。焼死。焼死。

焼死。焼死。

焼死――。

気が遠くなった。

浩平君は、自分が見ていたものが、全て焼死した人間の幽霊だったのだと理解した。
同時に彼は、幽霊が踊っていたのは盆踊りなどではないと理解した。
あれは炎に巻かれ、熱に炙られ、酸素を奪われて悶え苦しみ続けている魂の形だ。

「だからね、俺、気付いちゃったんです。あのブレイクダンスしている幽霊って世間一般では焼身自殺ってことになっているんだけど、違うんじゃないかって。ちょうど、蹴り倒された人が油掛けられて火を点けられると、あんな感じになるんじゃないかな――」

あのぼんやりとした光は、まだ時々見かける。
その度に、彼は関わりができないように、大きく道を迂回するのだという。

# 外階段

深夜になると、アパートの外階段をカンカンと音を立てて上っていく奴がいる。

古い階段はアルミ合金製なので、昇降時の音はやけに響く。

カンカンカンカン。

足音が遠ざかるに従って、甲高い音は小さくなっていく。時間にしてみれば、三分ほどの出来事だ。

問題はアパートが二階建てで、そこまで登り続けられる段数がないことである。

木内君は早い段階から、この外階段を昇る音の主に関わるべきでないと考えていた。

ベッドの横の大きな窓、そこがちょうど外階段に面している場所になる。

窓自体は擦りガラスで、外の明かりや建物のシルエット、そしてぼんやり滲んだ色を映すばかりである。

以前、件の足音を意識し始めて三日目の夜のことだった。木内君は好奇心に抗えずカーテンの向こう側を覗いてしまった。磨りガラスの向こう側を、恐らく緑色の服だろうか、確かに何かがゆらゆらと揺れながら横切っていく。

窓の位置から考えて、足音の主の身長は、低く見積もっても三メートル以上ある。人ではないものが自分の部屋の前を横切っていく。

その事実は木内君を大いに震え上がらせた。しかし彼には容易に引っ越しできない金銭的な事情もあった。

以来、カーテンを遮光のものに替え、窓の向こうの存在に関しては無視を決め込んだ。

今となっては件のカンカン音が聞こえ始めると、彼は静かにヘッドホンを着け、一曲好きな音楽を聴くことにしている。一曲分だけ息を殺していれば、人影も足音も遠くへ過ぎ去っていく。いつしかそれが木内君の日課となっていた。

その日は高校時代の友人から久々に電話があり、深夜まで話し込んでいた。ちょうど真冬ということも手伝って、身体を温めようと酒も飲んでいた。

気が緩んでいた。反応も遅かった。気付いたときには、既に例のカンカンが迫っていた。

「その音、何？」

電話越しの友人にも音は届いていた。これは意外だった。

酒も入って気が大きくなっていた木内君は、窓から遠ざかりつつ、おどけるようにして言った。

「これさ、オバケの足音なんだよ」

そう笑う木内君に、友人はどういうことかと詳細を求めた。

声を潜めつつ、毎日階段を上っていく存在について説明する。

「お前さ、ちょっと見てみろよ」

事もなげに友人が提案したのは、今まさに、音が窓の外を通り過ぎていく瞬間だった。

「嫌だよ、絶対オバケだもん！　呪われたらどうすんだよ！」

「だって、気になんね？　お前もビビって生活すんの、馬鹿らしいっしょ」

見ろよ見ないよの押し問答の末、友人が言った。

「いや、もう流石(さすが)に通り過ぎただろ。音も聞こえないし」

その言葉に、木内君の好奇心が恐怖を少しだけ上回った。確かに、耳を澄ましても、音は聞こえない。

「じゃあ、ちょっとだけだぞ」

カーテンの端を少し開けた。

いない。

磨りガラス越しでは確認できず、仕方なく窓に手を掛ける。

いない。

「おい、いないんだけど」

安堵してそう囁くと、電話口の友人は小さく吹き出した。

「ほら、やっぱりオバケじゃなくて階段の軋みとかだよ。お前ん家、線路近いしさ。何かの振動じゃね？」

「あはは、そうかも」

そう返した途端に、視界の端に奇妙なものが入った。三軒先の八階建てのマンションの屋上から、何かが生えている。

鯉のぼりのポール――？

違う。やけに斜めで、色もどぎつい緑色だ。一体あれは何なのだろう。

外していた眼鏡を掛ける。

そこに立っているのは、やけに細い人――なのだろうか。

肌も服も緑色で、身長は二階建ての家の屋根ほどもある。やけに細長い身体と首。短髪を撫で付けたような髪型。感情を読み取ることができないギョロリとした目は、両生類か魚類のそれを思い出させた。

異形の中年男性は、振り返った直後のようだった。

まるで知り合いを見つけたときのような表情を浮かべている。

木内君は思わず、「やべっ」と呟いて窓を閉めた。

電話越しの友人が「おい、どうした」と声を上げた。

震える声で「あのさ、今」と言いかけたところに、甲高く響く金属音が迫ってきた。

カンカンカンカンカンカンカンカン。

誰かが猛スピードで階段を下りてくる。

存在しない階段を、こちら目指して一直線に。

電話口の友人にもその音が伝わっているのか、絶句している。

木内君は、何処か逃げられる場所はないかと、玄関に続くドアへと視線を向けた。

その直後だった。

「あのー」

やけに間延びした声が、窓越しに響いた。

「あのー。見てましたよね。僕を、見てましたよね」

そこまで言うと、窓の外からは、まるでカセットテープを巻き戻すような、キュルキュルキュルキュルという音が響いた。

再び「あのー」と始まった。

「あのー。見てましたよね。僕を、見てましたよね」

これが五回繰り返されたところまでは記憶しているが、それ以降は気絶してしまって覚えていない。

翌朝、木内くんは玄関ドアを叩く激しいノックの音で目を覚ました。

昨晩電話をしていた友人だった。

「大丈夫か？　心配だったから、始発で来たんだ」

その気遣いが嬉しかった。

幸いなことに身体は何ともなかった。だが友人と二人で例の窓ガラスを確認すると、まるでつい先ほどまで何かかがそこに触れていたかのように生温かかった。

「そんなことがあって、友人と二人で、夢じゃなかったって言い合ったんです。僕が見たものは、マジものなんですよ——」

そう言ってから一月と経たずに、結局彼はそのアパートを引っ越した。

引っ越すまでの間、件のカンカンカンカンは、彼の部屋の窓で一旦足を止め、「あのー」と呼びかけていくようになっていた。

# あれが来るから

雄也さんは筋金入りのヤンキーを自称する割には、何処か冷めたところがある不思議な青年だった。

聞けば、雄也さんの父親は詐欺まがいの商売をしており、仕事に不都合が出る度に家族を伴って夜逃げ同然の引っ越しを繰り返していたという。

そのため、多感な時期に基盤となるような人間関係を築くことができず、いつも何処か疎外感を覚えていたそうだ。

そんな彼が居場所を求めたのが、同じく環境に不満を持っている少年少女の集まりだった。高校生になってバイクの免許を取った頃から、深夜になると峠にある潰れたドライブイン跡地に仲間と集うようになった。

車や単車を持っているのだから、集まる場所はコンビニエンスストアの駐車場でも良いのではないかと雄也さんも提案したのだが、どうも再三通報や補導の憂き目に遭っており、流れ着いたのが今の場所という事情があるらしい。

後から混ぜてもらった手前、場所を変えようとは強く言えなかった。

しかし、雄也さんはどうしても、そのドライブイン跡地が好きになれなかった。なぜなら折角の集まりが、度々〈あれ〉によって解散させられてしまうからである。

雄也さんが初めて〈あれ〉の存在を知ったのは、その集会に顔を出して三回目のことだった。集会といっても、やることといえば駄弁ったりコールを切ったりするくらいで、長い夜の時間潰しでしかない。ただ、その馴れ合いのような時間が、雄也さんには居心地が良く、漸く拗ねた自分を受け入れてもらえる場所のように感じていた。

深夜一時を回った頃だろうか。山へ走りに行っていた先輩が、神妙な顔をして戻ってくるなり、大声で全員を招集した。

「おい。〈あれ〉が来たぞ。今日は解散だ」

それを聞くなり、さっきまであんなにはしゃいでいた仲間達からもスッと表情が消え、黙々と帰り支度を始めた。その異様な切り替えの早さに、雄也さんは当惑したという。

「先輩、〈あれ〉って何ですか」

雄也さんの疑問に対して、いつもは優しい先輩が、ギュッと眉間に皺を寄せると、早口で囁いた。

「〈あれ〉は、〈あれ〉だよ。お前も早く帰れ」

ものの五分もしないうちに、ドライブイン跡地には誰もいなくなってしまった。

一人で誰もいない峠で時間を潰すのは論外だった。従ってその日は、不服ながらも帰宅するしかなかった。

それ以来、〈あれ〉は度々集会を邪魔するようになった。仲間達は慣れているのか、誰かが〈あれ〉の訪れを告げる度、素直に解散に応じる。

「今日はやけに早いよね」

「じゃあ、また明日な」

当たり前のように帰っていく仲間達に対して、雄也さんの苛立ちは募っていった。

「〈あれ〉って何ですか。ポリとか、族とかですか」

そう訊ねる雄也さんに対して、先輩は困った顔をして首を振った。

「お前、この辺の生まれじゃないから分からないかもしれないけど、〈あれ〉に関しては、みんな触れないようにしてんだよ。調子乗って、首突っ込まないほうがいいよ」

その言葉は、雄也さんの根底に潜む疎外感を強烈に刺激した。

「何なんですか。先輩もあいつらも。皆して、俺だけハブっすか。良いですよ、俺が〈あれ〉とかいう奴を捕まえてボコボコにしてやりますよ」

余所者だから。

暗にそう言われたような気がして、雄也さんは頭に血が上った。山を下りていく仲間とは反対方向へと、バイクの頭を向ける。慌てた先輩が、ハンドルを掴んだ。

「ちょっと待て。雄也。お前みたいにイキって特攻した奴いたけど、次から集会には来なかったんだよ。だから、やめとけって」

「集会に来なかったたって、死んだんですか」

途端に先輩は苦虫を噛み潰した表情になり、頭を振る。

「おばけに遭ったとか、行方不明になったとか、そんな感じですか」

「下りてきたんだけど、違うものが下りてきちゃったんだよ」

周囲にはもう誰もいないというのに、先輩は声の大きさをグッと落としてそう告げた。

しかし、その日の雄也さんはどうしても家に帰りたくない事情があった。

家を出る直前、酒に酔った父親にボコボコに殴られていたのだ。その気持ちが晴れる前に、また〈あれ〉のせいで解散である。むしゃくしゃしていた。流れには何が何でも従いたくなかった。

「先輩が何て言おうと、俺、行きます。どうせ、この辺の人間じゃねえし」

そう言い捨てて、先輩を振り切ろうとした、まさにそのときだった。

「お前、いい加減にしておけえええよええよええよええよ」

バイクのハンドルを掴む先輩が、急に痙攣（けいれん）したように上下に揺れ始めたのだ。

呆気に取られていると、先輩はその場でグルグルと回りながら不明瞭な言葉を呟き続けている。

「何なんなんなんお前お前お前お前、俺が俺が俺が俺が俺が俺俺俺俺」

まるで、バグったゲーム画面のようだった。

尋常じゃない様子に、慌てて雄也さんはバイクから降りた。

痙攣し続ける先輩に駆け寄って、身体を揺する。しかし、止まらない。

段々激しくなっていく痙攣が恐ろしくなり、雄也さんは思い切り体当たりした。

吹っ飛んでいった先輩は、ゴロゴロとアスファルトを転がった後、ゆっくりと起き上がった。

もう、痙攣は治っていた。安心した雄也さんが近付くと、先輩は見たことがないような怯えた表情をして、殆ど叫ぶように言った。

「雄也。お前、一生恨むからな」

次の瞬間、貼り付けたように柔和な笑みを浮かべると、まるで何事もなかったかのようにバイクに乗って、走り去った。

呆気に取られた雄也さんは、ただ見送ることしかできなかった。

結局、先輩はそれ以降、集会には顔を出さなくなった。それどころか、例の一件から日も経たないうちに、家族ごと引っ越していったらしい。

他の仲間達にそれとなく先輩の行き先を訊いたものの、誰しも口を揃えて「まあ、〈あれ〉だわ」と言うばかりで、結局先輩に何が起きたのかは、今も分からずじまいだという。

# 自分の幽霊

胡桃（くるみ）さんは一時期、自分の幽霊に悩まされていた。

就寝中に唐突に足先に鈍い痛みが走って目が覚める。

金縛りに遭っているのだろう。眼球以外の一切を動かすことができない。

まるで指先で抓（つね）り上げるかのような痛みが段々脚を上り、全身へと広がっていく。

どうにか現状を打破しようと四苦八苦していると、次第に部屋の中央で何か大きな影がのたうち回っているのが見え始める。まるで胡桃さん自身の心境が投影されているかのように、その影は苦しそうに身悶えしている。

目が慣れると、その正体がはっきりする。

自分自身だ。

ゴムの弛んだ綿の下着を身に着けただけの胡桃さん自身が、目を剥き、声なき声で絶叫している。

目を逸らすことができない。

体感で十分以上も経っただろうか。暴れ回っていた身体は痙攣を繰り返すようになり、遂には舌をだらりと垂らして停止する。気絶したか——絶命したのだろう。

恨みがましい死に顔がこちらを射るように睨み付けてくる。

とうとう胡桃さんは絶叫する。

——そこで、漸く目が覚める。まるで全力疾走でもしたかのように、身体は汗でぐっしょりと濡れている。筋肉も強張り、小刻みに震えている。

こんな夜を毎晩繰り返すうちに、いつしか彼女は不眠症になっていた。


そんな胡桃さんを支えてくれたのが、唯一無二の理解者である姉の存在だった。

双子の姉の好美さんは、疎遠になっている両親とは違い、いつも胡桃さんの良き相談相手になってくれた。

正体不明の脅威に怯える胡桃さんを慮(おもんぱか)り、度々マンションに泊まりに来ては、胡桃さんの手を握りながら同じベッドで眠ってくれた。

五年前に結婚し、二児の幼子を抱える好美さんだったが、妹の一大事ということもあって、義兄を説得して通ってくれたのだという。

その温かさに涙が出るほど有り難さを覚える一方で、独りのときに必ず現れる「自分の幽霊」の存在に、胡桃さんは日々憔悴(しょうすい)していった。

いつしか彼女は、あの幽霊を自分自身の未来の姿だと考えるようになった。遠からず、自分はあのようにのたうち回って死ぬのだろう。独りぼっちで、殆ど何も身に着けず、苦しんで苦しんで。そして強烈な恨みを抱いたまま絶命するのだろう——。

死の妄想に取り憑かれた胡桃さんの精神状態は、みるみるうちに悪化していった。

懸命に努力して就職した勤め先も休職し、恋人や友人とは一切の連絡を絶った。

あれほど時間と金を掛けて保っていた容姿も、暫くぶりに鏡を見たときにはまるで他人かと見紛うばかりに輝きを失っていた。

ただ、その姿は毎夜のように部屋の真ん中で絶命する自分の死に顔に瓜二つで、いよいよ自身の死期の近さを悟った。

そんな胡桃さんを、好美さんは懸命に励まし続けた。うつ状態の胡桃さんを心療内科へと連れだし、家事全般を買ってでた。

時間の許す限り寄り添ってくれる姉の姿に、胡桃さん自身、このまま負けてはいけないという気持ちが徐々に芽生えていったという。

その日は、朝から快晴だった。好美さんはカーテンを開いて部屋を陽光で満たすと、幼稚園のクリスマス会へと出掛けていった。姉を見送った後、胡桃さんは柔らかい陽光を全身に受けて、何となく外に出てみようという気持ちになった。

万年床となっていたベッドを整え、パジャマから外着に着替える。コンタクトレンズを入れ、リュックサックを背負い、運動靴を履く。

玄関から一歩外に出たところで、立ち眩み(くら)がした。

いつもならここで負けてしまうところをグッと堪え、何とか最寄りの停留所からバスに乗ることができた。せめて今の自分の体力で適う、最大限のことをしておきたい。そう考えて、厄除けで有名な神社まで足を伸ばした。


結局その日はくたくたになるまで歩き続け、帰宅と同時に、着の身着のままベッドに倒れ込んだ。せめてメイクを落とさなければとは思ったが、眠気に抗うことはできなかった。

——これだけ疲れていれば夢を見ることはないだろう。

そう考えていたが、甘かった。

いつものように、鈍い痛みが下肢から順繰りに上ってくる。身体が強張り、動かせるのは眼球だけだ。早鐘を打つ心臓へ呼応するようにして、部屋の真ん中に白い靄(もや)が現れた。

靄は次第に輪郭を明らかにしていく。自分の姿だ。それが、苦痛に身悶えている。

目を逸らしたくても、逸らすことができない。しかし——。何故かその日は、自分の幽霊に妙な違和感を覚えた。普段の姿と何かが違う。少し思案した末に、気が付いた。

やけに姿がはっきりしているのだ。

ちょうどその日はコンタクトレンズを外し忘れたまま眠っていた。

改めてまじまじと自分の幽霊を観察したところ、嫌な符合を見つけた。

目元の小皺。腹部に走る肉割れ。唇の端にある特徴的な黒子。短く黒ずんだ爪。

「もしかして、お姉ちゃん？」

思わず声が出た。その瞬間、散々苦悶の表情で暴れ回っていた影はピタリと動きを止めたかと思うと、急に無表情になり、そのまま霧散した。

いつの間にか金縛りは解けていた。時計を見れば、時刻は午前四時を回ったところだ。

胡桃さんが自分だと思っていたものは、確かに姉の姿だった。すっかり自分が悶死する姿かと勘違いしていたが、これはいち早く姉に伝える必要があると感じた。

携帯電話を手に取り、好美さんの番号へ掛ける。出ない。

もどかしさに固定電話のほうへ掛けようと思ったところで、冷静になった。

明け方に夢の話で起こされたらたまったものではないだろう。そこで要件をメールで送信し、そのまま再び眠りに就いた。

翌日以降、何度鳴らしても好美さんは電話に出なくなった。ただ、繋がっているSNSを確認する限り、好美さんは毎日元気に生活しているようだった。

子供達と近所の公園でピクニックをした写真が上げられていた。

これを境に散々悩まされた幽霊も出なくなっていたことに胡桃さんは気付いた。

幼稚園も冬休みに入ったため、子供の世話で忙しいのだろう。

余計な心配を掛けるべきではないと、胡桃さんも積極的に連絡するのをやめた。

もやもやした思いを抱えながら迎えた年明けに好美さんから年賀状が届いた。

干支の被り物をした好美さんと、子供達の姿。キラキラと輝くシールとともに、真っ赤なサインペンでメッセージが書かれていた。

【胡桃は毎日幸せ？　私は今、最高に幸せ。ぐーたらしてないで、早く彼氏作りな（笑）】

半年後、胡桃さんは休職前と同ポジションで職場復帰を果たすことができた。

それと同時に好美さんには全ての連絡手段をブロックされてしまったため、彼女が今何処で何をしているのか、本当に現在も幸せに生活できているのか、訊くこともできないままだという。

# 忌中札

現在首都圏で暮らしている松里さんという女性に聞いた話である。彼女には、幼い頃から何度も繰り返し見ている夢があるそうだ。

時期は恐らく、夏の盛りだ。

ジーワ、ジーワと蝉が焼けつくような声で叫び、埃っぽく霞んだ視線の先は、陽炎（かげろう）で揺らいでいる。

べったりと身体に張り付く衣服。額に滲む汗をシャツの袖で拭いながら、急な坂道を登っていく。すると、視線の先に見知った風景が現れる。彼女の生家だ。

それは古い町家通りにある一軒で、隣もその隣も同じような商いをしている家が、同じような門構えでずらりと並んでいる。彼女の家は、そんな路地の一番奥にある。

土埃と陽炎で揺らいだ黄色い視界の中、松里さんはゆっくり歩みを進めていく。

通りには誰もいない。商店の中にも人がいない。漸く家が見えてきたところで、妙な違和感を覚える。見知ったはずの玄関に、何か白い紙が貼ってあるのだ。

何だろう。伝言か何かだろうか。

目を凝らす。

黒い模様が描かれているように見えるが、それ以上は何も分からない——と、ここで、いつも目が覚めるのだという。

普段なら、目覚めた後には夢の記憶など忘れてしまうか、断片的に覚えているだけだ。しかしこの夢だけは、やけにはっきりと記憶に突き刺さっていた。何度も見るうちに、何処かで実際に経験したのかと錯覚するほどに克明な記憶として定着していた。

だからこそ、細部までも思い出せる。

何処かから飛んできた土埃で黄色く汚れた石畳。七軒手前の小料理屋の入り口。その手水鉢(ちょうずばち)に生けられているクチナシの甘い香り。乾物屋の前を通るときには、巨大な銀蠅が大きな音を立てて耳の横を掠(かす)めていく。隣の時計屋に飾られている柱時計で、時刻を確認する。六時四十分。粘つくような湿度を含んだ熱風が頬を撫でる。

そこでふと足を止め、家を見遣る。玄関扉の真ん中に白い紙——何だろう。

何度記憶を反芻(はんすう)してみても、そのような体験は思い出せない。

家族に訊いても、そんな曖昧な状況では特定できないと素っ気なく返された。

ではやはり夢なのだろうか。

松里さんはもやもやとした気持ちを抱えて日々を過ごしていた。


夢の内容に変化があったのは、彼女が高校一年生の年だった。

夢の中で何度も通った坂道を上り、いつもの町家通りへと足を向ける。見知った家々に目を向けると、いつもと雰囲気が違う。

何だろう。全ての家の玄関に白い紙が貼ってある。

〈忌中〉

白い紙には大きく、そう書かれていた。忌中札だ。

忌中。忌中。忌中。忌中。忌中。忌中。忌中。忌中。

全ての家に忌中札が貼ってある。クチナシが生けられている小料理屋にも、銀蠅が横切る乾物屋にも、隣の時計屋にも。

どの玄関にも白地に黒枠、その真ん中に〈忌中〉という重々しい二文字が据えられた紙が掲げられている。

自分がずっと引っ掛かっていたのはこれだったのか。

それならば——。

妙に落ち着いた気持ちで自宅の玄関を見遣る。

ない。ないのだ。

いつもは確かにあるはずの紙が見当たらない。何だかひどく尻の据わりが悪かった。風で飛んだのか。何処かに落ちていないか。

玄関の格子戸に近付いていく。そのとき、扉越しにうっすらと気配を感じた。玄関の向こうに人の気配がある。

「ちょっと。誰かいるの」

呼びかけても返事がない。

玄関に手を掛けた瞬間、格子戸の下の隙間からシュッという音を立てて一枚の紙が差し出された。黒枠の中に二文字。忌中札だった。

「ああ、まだ貼っていなかったのか」

それを手に取り、格子戸の真ん中に貼る。しっくり来た。これで大丈夫だ。

途端、目が覚めた。今度も夢の内容をはっきりと憶えていた。

その年の夏、年の離れた弟が死んだ。用水路に落ちたことによる溺死だった。

憔悴しきった両親に代わり、松里さんが玄関に忌中札を貼ることとなった。

初めて手に取るその紙も、格子戸の真ん中に鎮座する姿も、確かに見覚えがあった。

あの夢が正夢になったんだ。彼女は自身を責めた。


弟の四十九日が過ぎた翌日だった。彼女は奇妙な夢を見た。

ぼんやりと玄関の上がり框に座り込み、格子戸を眺めている。

外は夕方の頃だろうか。薄暗い明かりが隙間から見える。生温く湿った風が、蜩(ひぐらし)の声と共に戸の隙間から吹いてくる。

ああ、嫌だ。何か嫌なことが起きる。

何故か這い上がってくる予感に恐ろしくなった。

兎に角、急いで外に出なくては。

裸足のまま土間に駆け下り、引き手に指を掛ける。開かない。鍵も掛かっていないのに、びくともしない。

「助けて、助けて！」

泣きながら大声で叫ぶ。半ば恐慌状態になりながら戸を引っ張っていると、誰かが玄関に立つ気配がした。

「誰かいるの？　お願い、助けて！」

戸を叩いても、玄関の向こう側にいる誰かからは反応がない。確かに、扉の向こうにいるはずなのに。もしかして、こちらの声が聞こえていないのだろうか。思わず、下駄箱の上に置きっぱなしになっているチラシの束から、裏が白い紙を手に取る。「扉が開かない、助けて」と走り書きし、戸の下に差し込もうとした瞬間、ふと何の気なしに紙をひっくり返した。

忌中札だった。

そこで、目が覚めた。

「前に見た夢の中で、私は、ドアから出てきた忌中札を貼ってしまったんです。何で裏返さなかったんだろう。弟が、もし家の中に閉じ込められた弟が、私に対して助けを求めていたのだったら。私がそれを、台無しにしてしまったのだとしたら……」

弟の死後、十五年以上経った今でも、彼女は玄関に座り込む夢を見る。

ただそのときは、漠然と襲う恐怖と年々積み重なっていく忌中札の束を抱き込みながら、夢の中でしんしんと泣き続けるのだという。

# 異食症

結城さんという女性から聞いた話だ。

彼女は普段、近くのドラッグストアで夜勤専従の薬剤師をしている。以前は心の病を患い引き篭もっていたが、最近社会復帰を果たしたのだという。

「異食症っていうんだけど、知っているかな」

彼女は、自分の病名についてそう語った。

異食症とは、端的に言えば食べ物以外のものを継続的に摂取してしまうという摂食障害である。

一般的に知名度のある症例としては、氷ばかりを食べる氷食症や、体毛を毟り取って食べる食毛症などがある。勿論、これはあくまで有名な例であり、身近にあるもの——例えばティッシュなどの紙類や硬貨などの金属類を食べる人もいるという。

結城さんが異食症になったきっかけは、意外にもダイエットだった。空腹を紛らわすために最初はガムを噛んでいたものの、少しでもカロリーを減らすため、長く噛んでいられるもの、ペットボトルの蓋や木片などを口の中に入れるようになった。

しかし、これらは噛んでいるうちにすぐ飽きてしまった。彼女はより一層硬いものを求め始めた。

その頃には、ダイエットを通り越して噛むこと自体が半ば自傷行為となっていた。ペンを噛み続けて口の中をインク塗（まみ）れにしたり、カッターの替え刃を噛んで口を血だらけにしたりと、兎に角、精神にも身体にも悪いことばかりをしていたそうだ。

噛むことによって形が変容していくこと、また小さくなったそれを飲み下すこと。この一連の動作がやめられなくなってしまっていた。

「そんなことをして、大きな怪我や病気に繋がったことはないんですか？」

私の問い掛けに、結城さんは「まあね」と曖昧に濁した。

彼女の言によれば、異物を飲み込んだ直後こそ猛烈な吐き気に見舞われるものの、それが過ぎ去ってしまえば、一度も身体に不調が現れたことはなかったそうだ。

「嘔吐癖は付けたくなかったから、我慢して吐かなかったんだよね」

そう言った後で結城さんは、「まあ、早く死んでしまいたかったから」とあっけらかんとした口調で付け足した。

ストレスが溜まると、目に付くものは何でも口に入れ、咀嚼（そしゃく）し、飲み込んでいった。ネジやガラス玉、陶器の破片、時には爪切りや目薬をボトルごと飲んだこともある。結城さん自身も医療職である以上、この自傷行為がどれほど危険なことなのかは理解していた。

いつか致命的な事故に至って病院に担ぎ込まれ、迷惑がられる日が来るのだろう。そう思うと憂鬱な気持ちになり、どうにか続けていた調剤薬局での仕事も辞めてしまった。その頃には精神状態が悪化し、一歩も外に出られなくなっていた。

彼女は誰とも会わず、家では出前注文した食事を摂り、その容器も咀嚼して飲み込むという生活が続いた。自分は死んだも同然だ。そう考えていた。

ある日、結城さんの携帯に実家の母親から電話があった。

娘が仕事を辞めたことを知らない母親は、いつも通りの様子伺（うかが）いをした後で、「そう言えば」と思い出したように言った。

「あのね、三日前の明け方にペスが死んだのよ。あんた、可愛がっていたでしょ」

ペスは、結城さんが高校生の頃、友達の家から貰ってきた雑種犬だった。

実家を離れて中々会いに行けていなかったものの、結城さんの携帯電話の待ち受け画面はペスだったし、帰省する際には都内のペットグッズ店で必ず犬用ケーキを手土産として購入するくらい溺愛していた。両親と不仲な結城さんが、片道三時間以上掛かる実家に帰る唯一といって良いほどの理由でもあった。敷地内で放し飼いにされていたため、家の横に置いたガラクタの中で目ぼしいものを見つけては、犬小屋の中に隠す癖があった。その少し意地汚い性格ですら、結城さんにとっては愛らしさそのものだった。

思えば結城さんが実家を離れて十年近くが経っている。ペスも高齢だったから、そろそろ寿命だろうと覚悟はしていた。しかし危篤状態になっていたことを伝えないばかりか、死後三日も経ってから、しかも物のついでのように訃報を伝えてくる母親の神経には猛烈に腹が立った。

結城さんは電話口で母親を罵った。感情のままに投げつけた言葉は、そのまま大喧嘩へと発展してしまった。母親もきつい性格をしているため、応戦するうちにどんどん怒りのボルテージが上がっていく。

「そんなに言うなら、犬のもの、全部あんたんとこに送るわよ！　あんたが貰ってきた薄汚い犬なんだから、あんたが責任取りなさい」

そう言って、母親は叩きつけるように電話を切った。結城さんはペスの死の悲しみと、母親への憤りが混ざり合い、久々に食べ物も口にせず泣き明かしたそうだ。

しかし二日も経つと、悲しみと怒りの波にも凪(なぎ)の状態がやってきた。

思えば、水以外何も口にしていない。悲しむにも怒るにも、エネルギーが足りなかった。

泣き腫らした顔で食材を買いに行く気にも、その精神状態にもなれない。いつもの如く、インターネットで出前を注文した。

程なくして注文していた食べ物が届いた。

プラスチック容器に入った中華料理。中身はすぐに平らげ、今度は入っていたタッパーを予め口に入る大きさに切って、咀嚼していく。

結城さんにとって、異食のほうが食事の中心的な目的と化していた。

咀嚼し、飲み込んでいくうちに、また涙が溢れ出した。

同時に、一時的に蓋をしていた暗い感情までが沸き上がりそうになり、今度は手あたり次第、部屋にある小物を口の中に放り込んでいった。

何か口に入れたい、自分を傷付けたいという欲求がまるで収まらなかったのだ。

すると、久しぶりに食事を取った影響なのか、強烈な吐き気が結城さんを襲った。

そのとき、唐突にインターホンが鳴った。

何か、他に食べ物を注文しただろうか。

上手く回らない頭でグルグル考えていくうちに、はたと思い当たった。

先日の母親との電話だった。売り言葉に買い言葉だったが、ペスの遺品を送るという話だった。

慌てて玄関のドアを開けたときには、既に配達人の姿はなく、玄関前には大きな段ボール箱が無造作に置かれていた。

随分せっかちな配達員だ。憤りを覚えながらも、今は人に会いたくない気持ちだったため好都合だった。

吐き気を堪えながら、無理やり部屋の中へ荷物を引っ張り込む。兎に角、一刻も早く頭の中を占拠しているペスとの思い出や痕跡に触れたかった。

不思議なことに、猛烈な吐き気は段ボールのテープを剥がしていくうちに収まっていった。

ペス、ペス、ペス、ペス。

何度も頭の中で名前を呼ぶ。脳裏には、元気だった頃のペスの姿が幾度となく蘇り、涙で視界が滲んだ。

箱を開けると、まず飛び込んできたのは、汚いビニールの残骸だった。

緩衝材のつもりだろうか。

母親のいい加減さに苛立ちを覚えながら、箱の中を漁る。

壊れたボールペンや汚い木片、画鋲（がびょう）や消しゴム、何かのキャップ、クリップ、小さなネジ、噛み潰されたペットボトルのキャップ。どれも、ペスとの思い出からは程遠いものだ。

何なんだ。本当にペスが集めたゴミを送ってきたのか。

母親への怒りが頂点に達し、段ボールを蹴り上げた途端、カツーンと、小さい何かが床を跳ねた。

イヤリングだった。

それを見た途端、結城さんは小さな悲鳴を上げた。

そのイヤリングには、見覚えがあった。

インターホンが鳴る直前に、確かに自分が飲み込んだものだった。

段ボールの中身、散らかったものをつぶさに見れば、どれもこれも、自分が飲み込んだものによく似ていた。

引き千切れ、潰れ、何かの汁でベタベタ汚れたビニールも、自身がよく出前で使う中華屋のものに違いない。そのゴミに塗れ、ひっそりとペスの赤い首輪が隠れていた。彼女が、初めてのバイト代で購入したものだった。

「あのゴミをいつの頃からペスが集め始めていたかは分からないけど、いい加減、自分の足でしっかり立たなきゃなと思って」

今でもぐらりと異食に揺れるときは、ブレスレットと腕時計に加工し直したペスの首輪を見て思いとどまるようにしているという。

# 傾く家

リフォーム業を営む月島さんの話。

リフォームの理由として多いのが、老朽化に伴う家屋の傷みや住宅機器の故障の修復、水周りの刷新である。他にも彼の会社ではバリアフリー化や増改築などの、家にまつわる困りごと全般を請け負っているのだそうだ。

その中でも定期的に依頼されるのが、欠陥住宅のリフォームだ。

相場よりも安い金額で契約できた新築の建て売り物件や注文住宅も、いざ住んでみれば不具合が続発するケースが多々あるという。そうなってから慌てて補償や修繕を願い出たところで、そんな建築会社や不動産仲介業者は会社を畳んで逃げている。後に残るのは傷みや軋み、漏水などでボロボロの家屋だけで、諦めて引っ越そうにも、即座に返し切れない住宅ローンが足枷となる。

せめてまともに住めるようにしたいという話が巡り巡って、最後に行き着く先が月島さんの会社ということになる。

依頼主である田中さんも同様のパターンだった。

どうやら、新築の建売物件として購入した家が尋常でなく傾いているのだという。よくよく聞いてみれば、物件を購入したのは今から十年前で、施工を担当した建築会社も、件の家を紹介した不動産仲介業者も現存しているらしい。

それならば、まずはそちらを頼るのが筋ではないか。月島さんがそう勧めてみるも、田中さんは「兎に角来てくれ」の一点張りである。仕方なく、半ばお悩み相談の心持ちで、田中さんの邸宅へと現況確認に向かった。

田中さんの邸宅は、まだ新しい小綺麗な一軒家だった。

よくあるサイディングによくあるデザイン。何の違和感もなく住宅街へ溶け込んでいる。一見する限り、さしたる問題も見当たらない。

「傾きが気になるんです」

会って早々、田中さんは沈痛な面持ちでそう告げた。しかし、何処にもそのような兆候が見られない。改めて外構を確認しても、クラックや土台の剥がれもない。外壁のコーキングが所々欠けてはいるが、とりたてて基礎には影響しない部分である。

請われて周囲も調べたが、勿論地盤沈下などの影響もない。それどころか、水平器は正常な値を示している。

まさか、本人の気質の問題ではないだろうか。月島さんは、そう思い至って頭を抱えた。テレビや雑誌などで「神経症の原因は家の傾きにあった」などと喧伝される度に、このような調査依頼が入ることがあった。

様子を見に来た田中さんに、外構部からは傾きの傾向は窺えないこと、あくまで感じ方の問題ではないかということを、角の立たない表現で伝えた。

神経質そうな田中さんの表情が次第に曇っていくのを見て、どう上手いことを言って退散しようかと月島さんは考えあぐねていた。

報告を黙って聞いていた田中さんだったが、大きな溜め息を一つ吐くと、玄関の扉を開ける。

「取りあえず、中も見ていただけませんか。お話の続きは、そこからで」

思わず、月島さんも「ええっ」と困惑の声を上げた。しかし、どうにも有無を言わさない様子の田中さんに、これはとことん調べた結果を計器で示したほうが納得するだろうと、腹を括って玄関に入った。

家に一歩入ると、何だか妙な雰囲気に息が詰まった。一見すると何の問題もない。問題はないのだが、家からは妙に空気が澱んでいるような、破裂寸前の緊張を感じた。

「お邪魔します」

挨拶をして、スリッパを履いた瞬間だった。

「ああっ」

情けない悲鳴とともに、床にへたり込んでしまった。立ち上がってみるも、まるで急な傾斜にでも立っているかのような感覚がある。

確かに、家が傾いている。

「ね。傾いているんですよ」

漸く表情を緩めた田中さんは、そう言って力なく笑った。

「いやいや、傾いていると言っても限度があるでしょう。倒壊寸前ですよ、こんなの」

人間の平衡感覚を司る三半規管は非常に繊細にできており、たった〇・五度の家屋の傾きですら、暮らしているうちに眩暈(めまい)や頭痛、倦怠感といった健康被害が生じてしまう。

この物件の傾斜は体感にして、十度はある。もしかしたらそれ以上だ。

百メートルで十七・六三メートルの勾配。受忍範囲を大幅に超えている。

再びバランスを崩してへたり込んだ月島さんを横目に、田中さんは胸ポケットからビー玉を取り出して、床に置いた。

さぞかし勢い良く転がっていくだろうと思いきや、ビー玉は床に置かれたまま、全く動くことなくその場に止まっていた。

呆然とそれを眺める月島さんに手を貸し、田中さんはリビングへと促す。

「データ的には、全く傾いていないんですよ。この家」


田中さんがこの家を買ったのは、ちょうど十年前のことだった。

母一人子一人。長年付き合っていた婚約者と別れ、結婚を諦めた田中さんは、母と二人で貯金をはたいて新築だったこの家を購入した。

住み始めて一年ほどは、特に問題はなかった。しかし二年目に差し掛かる頃、徐々に床が傾き出したかと思えば、三年目には立っていられないまでの状況に至った。

流石（さすが）に欠陥住宅を掴まされたと考えた親子は、不動産仲介会社や建築会社を呼び付けて、地盤調査や構造計算、更には基礎部分の劣化や腐食がないか大規模な調査を行った。だが結果は何も問題がない。

家屋診断の専門家や建築家など、あらゆる伝手（つて）を辿って原因を探ってみるも、データ上は全くの「異常なし」であり、あくまで田中さん親子の「感じ方の問題」という結果が出た。

しかし、口には出さないまでも、家を訪れる人は誰しもこの傾きを実感している。四六時中ここで生活する田中さんにしてみれば、耐え難い苦痛だ。

何かもっと根本的な問題があるのではないだろうか。

そう思って古地図を引っ張り出して調べたりもしてみたが、元々雑木林であったということ以外、何も分からない。そもそも田中さんの邸宅を含む一帯の家は、この雑木林を拓いて造った新しい住宅団地であり、電線や水道管の埋設もそのときに行われたものだ。

同時期に建てられた両隣や近隣の家では、このような問題が生じていない。

悶々と日々を過ごしていたところ、たまたまオンラインの地図サービスで近所を眺めていたとき、ちょうど家が新築する前にあった雑木林の写真を見ることができた。

随分と広い雑木林である。手繰るように写真をクリックしていくと、予想外のものが目に飛び込んできて、思わず手が止まった。

雑木林の中に、人工物が写り込んでいる。限界までズームをしてみると、どうやら祠(ほこら)のようだ。

もう一度、古地図を開く。

すると見落としていたが、確かに雑木林の中に小さな丸いマーキングがあった。

現在の住宅配置と重ねてみれば、その祠の位置はちょうど田中さんの邸宅の右側部分とぴったり重なる。もしかしたら、これが原因ではないか——。

既に不動産仲介会社や建築会社とは訴訟寸前の険悪さになっているため、祠の存在を確認することはできそうにない。

近隣は新しい住人ばかりで祠の存在は知らないし、古くからの住人に聞き込みをしたところで芳しい話は得られなかった。そもそもあの雑木林は私有地であり、その持ち主が亡くなって、売りに出された場所である。

誰も、その由来を知っている人がいなかった。

しかし、田中さんには確信があった。インターネットで探し出した霊媒師に安くはない金額を支払って診てもらったところ、どうも行き倒れになった旅人だか無縁仏だかが祀られていた祠のようだ。

霊媒師の話によれば、自身の家が壊されたかと思えば巨大なコンクリートの家が乗っかったことに激怒し、化け物となって家をひっくり返そうと躍起になっているという。

「怨念の塊になっちゃっているからね。これはもう、残念だけど引っ越すしかないよ」

形だけのお祓いをして、霊媒師は引き上げていってしまった。

引っ越すといっても、貯金どころか日々のローン返済で手一杯だ。パートタイム勤務だった母親も、不眠症と慢性的な体調不良の影響で、仕事をクビになっていた。

八方塞がりだ。そう思っていた矢先に、母親が狂った。

「もう、狂っちゃったほうが楽だから、私はあっち側に行くね」

御丁寧にもそう宣言した翌日から、正気を失った。

外を裸で歩き回る、何処かから持ってきた小動物の死骸を家の周囲に放置する。奇声を上げて暴れ回る。挙げ句の果てには鉄パイプで昼夜問わず家の外壁を叩いて回り、大声で罵倒する。

「出ていけ！　出ていけ！　出ていけ！　出ていけ！」

響き渡る金属音と罵声に対して、近隣からの苦情が相次いだ。

あんなに穏やかで働き者だった母親は、その面影すら残っていなかった。何度も宥めすかし、時には暴力を振るってまでも、田中さんは母親の痴態を止めようとしたが、全く以て上手くいかなかった。

そして家を買って五年目の冬、母親は狂ったまま死んだ。

家の左側に植えた松の木で首を括ったのだ。

しかし——不思議なことに、その日からピタリと家の傾きが収まったのである。

悪いものを、母が連れていってくれたのだ。

遺影の中で穏やかに微笑む母を前にして、田中さんは溢れる涙を抑えることができなかった。せめて、母との思い出が残るこの家で静かに暮らそう。そう思った矢先のことだった。

母親の四十九日が終わった途端に、今度は家が逆側に傾き出した。

これには流石に田中さんも仰天し、慌てて以前世話になった霊媒師を呼び寄せた。

しかし。霊媒師は家の敷地に入った瞬間、吐瀉物を撒き散らしながら「勘弁してくれ」と絶叫した。

「助けてください。あの化け物が戻ってきたんでしょう!」

必死に縋り付く田中さんを振り解きながら、霊媒師は懸命に首を振る。

「でも、あなたが言ったんじゃないですか! 何かが家を持ち上げているって」

一度はいなくなったんです。もう一回、祓ってくださいよ。そう、尚も縋る田中さんに対し、霊媒師は涙と鼻水でぐちゃぐちゃになりながら、表札に書かれている名前を指し示した。母親の名前だった。

「狂った母親が、今度は逆側で家を持ち上げているんだと思います。昼も夜もゲラゲラと笑い声が五月蠅(うるさ)くてしょうがない。狂っても母親だからね、置いて引っ越せないんです」

だから——リフォームで何とかなりませんか。

そう訴える田中さんの依頼を丁寧に固辞し、月島さんは慌てて逃げ帰ったという。

# あの子の部屋

畑中さんという女性から伺った話である。

彼女は昔から動作がワンテンポ遅れがちという特性があり、周りの人との間に、中々努力では埋め切れない壁があった。

就職先も良くなかった。業務の一手先を読み、能動的に動く必要がある仕事内容から、畑中さんの思慮深さは裏目に出る結果となった。最初こそ、新人故にいじられキャラとして受け入れられていたものの、初年度の繁忙期を迎えてからは、あっという間に厄介者にまで立ち位置が降格し、職場いじめが公然と行われるようになってしまった。

畑中さんは加速度的に精神を病んでいった。

ある朝、満員電車から押し出され遅刻が確定した。それをきっかけに、彼女は職場に行くのを放棄した。就職から二年目の春のことだった。

無事、職を辞して離職票を回収できたものの、中途半端な時期に辞めたため、再就職先が中々見つからなかった。そのときに住んでいた場所は元職場の近くだったので、一刻も早く離れたいという気持ちもあった。諸々の条件が、畑中さんを焦らせた。

結局、なりふり構っていられず飛びついたのが、とある工場の生産管理事務の職だった。給料は最低賃金を少し上回る程度の額面だったが、何より魅力的だったのが、寮が完備されているという点である。寮とはいっても五階建てのマンションの半分を会社が借り上げているらしく、その一室に入居できるという話だった。

すぐにでも今いる場所から遠のきたかった畑中さんにとっては、渡りに船だった。

相手先も、社員が急死したことによる人員確保だっただけに、とんとん拍子に採用が決まり、翌週には荷物を纏めて関東へと引っ越すことになった。

しかし、美味しい話には裏がある。

荷物を抱えた畑中さんが引っ越し先のマンションに着いてみたところ、聞いていた話と随分違ったことに驚かされた。

マンション自体は九十年代半ばに建てられたであろう単身者向けの鉄筋コンクリート造りではあったものの、まず、聞いていたところとは別の部屋に案内された。

会社の総務担当者は、確かに五階の角部屋だと言っていたはずだ。しかし、実際は一階の角部屋である。窓を開ければ、すぐ目の前には真新しいアスファルトの駐車場が広がっている。

そもそも女性の一人暮らしであることから、防犯対策としても三階以上の部屋にしてほしい旨は事前に伝えていたはずだ。

改めて総務に問い合わせたものの、行き違いがあったことと、既に空き部屋がないことから、暫くはその部屋で我慢してほしいという冷たい返答があった。

更に、駄目押しのように、部屋には家具が備え付けられていた。それも、明らかに前の住人の痕跡が残っている。

家具家電、食器まで揃っており、畑中さんは面食らったそうだ。これも総務に訊いてみたところ、同じく「そのまま使ってほしい」とのことだった。慌てて、通販で購入していた商品のキャンセルを入れたりと、余計な手間が掛かってしまった。

それにしても、困ったのは前入居者の私物の存在である。

これらが、やけに生々しいというか、生活の痕跡がそこかしこにあるものばかりだった。

ビニール製のテーブルクロスには、ヘアアイロンを置いて焦がしたであろう跡があった。砕けたファンデーションを落としてしまったのか、肌色の汚れが絨毯(じゅうたん)の毛足に絡まっている。洗面台の壁には華やかなピンク色の口紅が付着していたし、クレーンゲームで取ったらしいぬいぐるみや、冷蔵庫の中には今月末が賞味期限となっているマヨネーズも放置されていた。部屋の様子から、前入居者が二十代くらいの女性であることが推測できた。

それにしても、前の住人は誰だったのか。何故、私物が大量に放置されているのか。

窓口となってくれている総務部の担当者に訊ねてみたものの、やんわりと躱された。それならば職場の同僚に訊こうと思ったものの、とても雑談を切り出せる空気ではなかった。妙な時期に求人を出している会社であることから、ある程度の警戒はしていたものの、会社全体に険悪な空気が蔓延していたのだ。

精密機械の製造工場ではあるものの、事務方と現場、上司と部下、正規非正規関係なく、全ての社員の仲が悪く、まともにコミュニケーションを取ることさえ難しい。

受注数と製造数が合わない。できあがった商品の梱包や発送作業の連絡が来ない。事故対応をしたくても、誰も彼も責任の所在を他人に押し付けるため、何処から手を付けていいか分からない。畑中さん自身も一週間も経たないうちに疲弊してしまい、部屋の前の住人について訊ねることも、後回しになってしまった。

そんなストレスが祟ったのだろうか。その頃から、妙な幻覚を見るようになった。

初めてそれを見たのは、深夜のことだった。

長時間に及ぶ残業で心身ともに疲れ切っていた畑中さんは、窓際に誂えられたベッドに、スーツのまま寝転び微睡んでいた。

窓の外には駐車場を挟んで大きな県道が走っており、深夜でもひっきりなしに車が通っている。壁に耳を付ければ、すぐ真横をタイヤが通り過ぎていくような感覚を覚える。ザーザーと砂利を擦るような音に耳を傾けながらウトウトしていると、急に、すぐ横でドォォンと重たい荷物が叩きつけられるような轟音が響いた。

驚いて、飛び起きる。跳ねる心臓をどうにか落ち着かせながら窓の向こうを覗いてみると、街灯に照らされて紺色のスーツを着た女性が横たわっているのが見えた。

身体が不自然に折れ曲がり、顔の左半分が地面にめり込んでいる。

一目で命がないことが分かった。

飛び降り自殺だ。

パニックになった頭の中で、そう結論付けるのに随分と時間が掛かった。

震える手で携帯電話を取り上げて、人生で初めて警察に電話を掛ける。

事故ですか、事件ですか。いつかテレビで見たことがあるような機械的な質問に対して、自殺ですと告げたところで、畑中さんは目を見張った。

ガラス窓の向こう側に横たわる遺体が、スーッと薄くなったかと思うと、忽然と姿を消したのである。

通報した手前、大急ぎでやってきた警察官には事情を説明しなくてはならない。恐慌状態の畑中さんの様子に、悪戯（いたずら）通報ではないと分かってはくれた。寧（むし）ろ、深夜にスーツ姿で化粧も落としていない彼女を見て、同情を覚えたのだろう。

「あんた、この社宅にいるってことはM社でしょう。無理しないで、よく寝なさいよ」

平身低頭で謝る畑中さんへ妙に優しい言葉を掛け、警察官は引き上げていった。

警察官に言われるまでもなく、自身が疲れすぎていることを畑中さん自身、よく分かっていた。墜落死体に関しても、脳が休まらない状態で見てしまったリアルな夢だろうと思うことにした。

しかし、翌日にも同じことが起こった。

日付が変わる頃、自宅に戻りインスタントラーメンを作っている最中だった。

ドォオォン。昨晩聞いたのと同じ轟音が響いた。

慌てて、窓に駆け寄り、外を覗く。

同じだ。昨晩見たのと全く同じ、不自然な姿勢の女性が血だまりの中で倒れていた。

反射的に携帯電話を掴みかけて、はたと気が付いた。そのまま、じっと外の女性を見つめていると、スーッと薄くなり、また忽然と姿を消した。

ちらりと時計に目を遣ると、出現から消失まで、一分ほどの出来事だった。

思えば、あんなに大きな音がしているというのに、マンション住人が出てくる気配もなければ、割と人通りが多い道路に隣接する場所だというのに、騒ぎになっている様子もない。

警察官に言われた通り、疲れすぎているのかもしれない。

そう考え、会社から半ば強引に有給休暇をもぎ取り、ゆっくり休息を取る。しかし、現象は治るどころか、寧ろ状況は悪化していった。

毎日、時間も選ばず女性が落ちてくるようになったのだ。

食事をしているとき、テレビを見ているとき、風呂に入っているとき、眠っているとき。

壁の向こうから、ドォォォン、ドォォォンと落下音が響いてくる。ベッドから半分起き上がって窓の向こうを見遣ると、肉が裂け、骨が折れ、潰れた顔面から眼球がこぼれ落ちた女性と視線が交錯する。ぼさぼさの黒髪、ガサついた黄色い肌の女。

この女が、中々消えないのだ。

仕事では毎日神経を擦り減らし、叱られ、怒鳴られ、親しいどころかまともに話すことができる同僚すらいない。

疲れ切った身体で深夜に帰宅すれば、あの女が落ちてくる。

まともに食事もできない。眠れない。畑中さんは心身ともに限界を迎えつつあった。

そんな日常が当たり前になっていた頃だった。

偶然、九州地方に嫁いでいた畑中さんの姉が、仕事の出向ついでに会いに来てくれた。

最後に姉妹同士で会ったのは半年前だ。その、たった半年間であまりにも酷い姿へ変貌してしまった畑中さんの姿を見て、姉は心から驚き、嘆き悲しんだという。

「こんなボロボロにされちゃって、可哀想に」

暫く風呂にも入れていなかった。

いつの間にか毛が縺れて塊になってしまった髪の毛を姉に梳かしてもらっているうちに、畑中さんも緊張の糸が切れ、子供のように泣きじゃくった。

引っ越した瞬間から、おかしかった。

部屋には前の住人の荷物が置きっぱなしで、そのまま生活をしていた。

仕事の前任者は突然死したため、仕事の引き継ぎ資料もない中、雰囲気の悪い職場で手探りに働かなければならない。そして、毎日毎日、投身自殺する女の幽霊が現れ、まともに食事をすることも、眠ることもできない。もう限界なのだ、と。

滝のように涙と言葉が溢れ出す。そんな畑中さんの姿に、姉も何か感じることがあったのだろう。

「あんたが言っていることが本当なら、この部屋、その前任者の部屋なんじゃない？」

思いがけない言葉に、畑中さんは固まってしまった。

確かに、急死したということ以外、前任者の情報は何一つ聞いていなかった。引き継いだ仕事は、一度は部署の同僚が引き受けたようで、名前も全て上書きされている。思えば、前任者がどういう人間だったのか、何故死んだのかすら知る由がなかったのだ。

「あんた、知らず知らずのうちに遺品を使って生活していたのよ。この部屋の女の子、身を以てあんたに警告しているんじゃないかな。この会社にいると、私みたいになるよ、逃げたほうが良いよって」

そこまで言われて、漸く踏ん切りが付いた。畑中さんは、仕事を辞める決意を固めた。

翌日、畑中さんは無理を言って有給休暇を取得し、荷造りをしていた。

畑中さんの姉も、忙しい仕事の合間を縫って早朝から荷物を纏めるのを手伝ってくれた。

とは言っても、家具家電は備え付けであったため、持ってきた荷物はボストンバッグ一つに全て収まってしまった。

取りあえず、ここから逃げ出すことが最優先である。退職届は落ち着いてから郵送するつもりだった。

全ての荷物を持って、あとは鍵を残して出るだけである。玄関扉に手を掛けた瞬間、姉が「そう言えば、忘れ物があるわ」と振り返った。そのときだった。

ドォオォン！

あの音だった。大慌てで窓際に駆け寄った姉は、口元を両手で押さえ、ブルブルと震え始めた。

「警察、警察呼ばなきゃ」

譫言（うわごと）のようにそう呟きながら、覚束（おぼつか）ない手付きで携帯電話を取り出す。

恐慌状態の姉とは異なり、畑中さんは妙に冷静だった。朝に落ちてくるのは珍しいとは思いつつ、ちらりと窓の向こうに目を遣れば、もう散々見た光景が広がっている。

「お姉ちゃん、電話しなくて良いよ。大丈夫、消えるから」

でも、その日は様子がおかしかった。

窓の向こうの通行人が、ギョッとした顔をして近付いてきたかと思えば、悲鳴を上げて尻餅をついた。同じく、それに駆け寄ってきた人が勢い良く吐き出す姿も目にした。

もう一分は経っているはずだ。確かに経っているはずなのに、窓の向こうを見遣れば、遺体が消えていない。

本物だ。

そう思い至った瞬間、隣で通報をしている姉の声も、外で騒いでいる通行人の声も、何もかもが遠くなった。畑中さんはそのまま、意識が飛んでしまった。


目が覚めると、畑中さんは救急病院のやけに硬いベッドに横たわっていた。

傍にいた看護師は簡易的な健康状態のチェックをした後、外で待っていたであろう警察官を呼んで戻ってきた。


「投身自殺の件で通報してくださったので駆け付けてみましたら、畑中さんが倒れられていたので病院まで搬送させていただきました」

よく見れば、以前、畑中さんが通報した際に駆け付けてくれた警察官である。その節はと頭を下げると、警察官は少しだけ表情を緩めた。

「いや、流石に御遺体を見ると驚いてしまいますよね。お疲れのところ大変恐縮なのですが、飛び降りされた方との御関係性について、改めてお教えいただいてもよろしいですか」

そう言われてしまうと、畑中さんも少し困ってしまう。

何処から話し始めれば良いのだろう。そう思いながらも、前の仕事を退職してからの一連の出来事を語った。

ブラック企業に採用された原因が、前任者死亡によるためだということ。

恐らく、その前任者であろう人の遺品に囲まれて生活をしていたこと。

女性の霊が毎晩のように落ちてきて、自身に警告を発していたこと。

「だから、まさか本当に落ちてくるなんて思ってもいなかったんです」

そう必死になって訴えかけたところ、警察官は奥歯に何か挟まったような、奇妙に歪んだ表情になった。そのまま深く溜め息を吐き、やけに優しい口調で畑中さんに語りかける。

「混乱されているようですね。大変申し上げにくいんですが、飛び降り自殺して亡くなったのは、畑中さん、あなたのお姉さんですよ」

お姉ちゃん――？

警察官が言っていることが理解できず、畑中さんは目を白黒させた。

「お姉さん、あなたが住んでいるマンションの屋上から、柵(さく)を乗り越えて転落死されていたんです。遺書も残されていたので衝動的なものではないとは思いますが、畑中さん、何か詳しい事情を御存知ないですか」

そんな。そんなはずはない。

畑中さんは全身が小刻みに震えるのを感じた。

姉のはずがない。

確かに姉は一緒に荷造りをして、玄関口までは一緒にいたのだ。

女性が落ちてきたとき、通報をしたのは姉だったではないか。

確かに見ていた。姉は生きている。

生きているはずなのだ。

錯乱状態になった畑中さんは、結局その日、事情聴取はできなかった。

その事件から三年経った今も、畑中さんは納得がいかないでいる。


退院後、独自に前任者について調べたところ、奇妙なことが判明した。

前任者は男性であり、死因も持病の心疾患であった。

また、件の部屋の前の住人については、会社の人間も、マンション管理者も、やけに口を閉ざして語らないため、今も分からずじまいなのだという。

「でも、おかしいんです。姉の遺書に書かれていた内容、出鱈目なんですよ。姉は既婚者で九州に住んでいるのに、この場所で一人暮らししている設定になっている。仕事に追われて役立たずだから死にます、なんて、姉らしくない。それに、姉は髪型も茶髪のボブカットで、落ちてきた女とは似ても似つかないんです。あの女は黒髪だし、ぼさぼさ髪だし、栄養の足りない黄色の肌をしていて、敢えて言うなら……」

そこで畑中さんは言葉を切ると、悲しそうに笑う。

「敢えて言うなら、あの落ちてきている女、私なんですよ」

姉の三回忌を迎えた今でも、畑中さんはまだその会社で働いている。

勿論、住んでいる場所も、例の部屋なのだという。

# 襦袢（じゅばん）

下重さんの家は代々続く豪農だったことから、敷地も邸宅もかなり広大だった。

かつて使用人が住んでいた部屋や分家の人間が住んでいた離れもそのまま残されていたため、屋敷全体はいつもがらんとした寂しい雰囲気を纏っていたが、幼い下重さんにとっては格好の遊び場だった。

それは下重さんの友人達にとっても同じことであり、雨の日は下重さんの家でかくれんぼをすることが定例となっていた。


下重さんの家は女系が強く、家の一切を取り仕切るのは気が強い祖母だった。次いでその娘である下重さんの母が権力を掌握しており、入り婿である下重さんの父や祖父の印象は薄かった。ただ、長男である下重さんに対しては祖母も大変甘く、ヤンチャ盛りであった下重さん達が家の物を壊したところで「元気でよろしい」と豪快に笑って許してくれていた。

そんな豪気な祖母ではあったが、唯一、固く入室を禁じている部屋があった。

母屋の中二階にある、物置部屋である。

奥階段の途中に作られたその場所は、元々は蚕を飼育していたスペースらしい。大人は首を曲げなければ頭をぶつけるくらいの天井高だ。小さな明かり取りの窓が一つあるだけで、部屋の全容が分からないほど薄暗い場所であった。扉の外側には重たい閂錠(かんぬき)が付いており、閉じ込められたらひとたまりもないであろうことは一目で想像できた。

「中は薄暗いし、色々昔の農具が置いてあるから危ないんだよ。入ったところで怪我をするから、お友達にも絶対に近寄らせてはいけないよ」

下重さんが友人と遊ぶ度、祖母はそう厳命した。

幸い、下重さんもその友人らも聞き分けの良い子供だったため、言いつけに従い、中二階への侵入を試みることはなかった。しかし、下重さん自身は、子供心にこの部屋の存在を薄気味悪く感じていた。

下重さんが十歳になった年のことだ。

夏休みということもあり、下重さんは学校のプール開放で存分に泳いだ後、うたた寝をしてしまった。そうすると、夜は中々寝付けない。やけに響く時計の音にうんざりした下重さんは布団を抜け出すと、気を紛らわすために屋敷の中を散歩することにした。

とは言っても、台所や居間で軽くぼんやりする程度である。家族は寝静まっているし、テレビももう終わっている。仕方なく布団に戻ろうと、奥階段から二階に上がりかけたときだった。

ふと中二階のほうに目を遣ると、閂錠が外れていた。

ドキリとした。

扉は閉まっているものの、下の隙間からは橙色の明かりが薄く漏れている。

中に誰かがいる。

恐怖心よりも、好奇心が上回った。そっと扉を押し開けると、中はがらんどうで、祖母が言っていた古い農具など一つもなかった。

やけに奥行きのあるその部屋の中央には、祖母が座っていた。

「おばあちゃん、何しているの」

下重さんがそう声を掛けると、祖母はギョッとした様子で振り返った。

横に置かれた燭台の炎が、影を怪物のように大きく映し出す。祖母は明らかに「しまった」という表情をしていたものの、何やら諦めた様子で、そっと下重さんを手招きした。

恐る恐る近寄ってみると、祖母の目の前には衣桁(いこう)に掛けられた一枚の襦袢があり、その横には七輪が置いてある。七輪は灰皿代わりに使われていて、中に入っている炭には火が点いていないようだ。薄っすらと祖母が吸っている煙草の匂いがした。

「全く。入るなと言っておいただろう」

そう呆れたように言った祖母だったが、目元が笑っていたので下重さんは少し安堵した。よくよく見れば、祖母の手には酒が入ったグラスが握られている。どうやら、独りで晩酌をしていたようだった。

「おばあちゃん、この着物は何なの」

いつも上等な着物を着ている祖母が鑑賞するにしては、随分薄汚いものだと子供心に感じた。襦袢は所々に染みがあり、かなり年季が入っているようである。そんなものを眺めて晩酌とは、あまり良い趣味だとは思えなかったのだ。

「これはな、お前の母さんを産んだときに着ていたものなんだ」

祖母はそう言って、煙草に火を点ける。なるほど。そういう思い出の品なら納得である。胡坐（あぐら）をかいた祖母の膝の上に収まりながら、下重さんは炎に照らされる襦袢をぼんやりと眺めていた。

それ以降、祖母の秘密の晩酌に付き合うことが度々あった。

晩酌中は特に祖母と話すことはないが、お菓子を与えられたり、母から禁じられていた漫画本を読ませてもらったりと、他の兄弟とは異なる破格の対応だったため、下重さんは喜んで晩酌に付き合い続けた。

この奇妙な習慣は月に二回程度、下重さんが中学を卒業するまで続けられたが、祖母は襦袢を眺めながら酒を呷り、七輪に煙草の灰を落とすばかりで、最後まで何かを語ることはなかった。

この習慣が終わりを迎えたのは、祖母が肺癌で入院したことがきっかけだった。

異常が見つかったときには既に手の施しようがない程に病巣が広がっており、結局、一度も家に戻ることもなく亡くなってしまったそうだ。

亡くなる三日前、念入りに人払いをした上で、祖母は下重さんを枕元に呼び付けた。

「あれを、処分しておいてくれ」

息も絶え絶えといった調子でそう伝えると、死に際とは思えない力で下重さんの手を握った。その迫力が異様なものに思え、下重さんは兎に角頷くしかなかった。

事業家としての顔もあった祖母の通夜には、たくさんの弔問客の姿があった。その対応が忙しく、祖母が言い残した「あれ」の存在を思い出したのは、葬儀の直前だった。

思い出の品を、祖母に持たせて旅立たせるべきではないだろうか。

そう考えた下重さんは急いで中二階へ上ると、衣桁に掛かった襦袢を引っ掴み、無理やり鞄に押し込んだ。

葬儀は滞りなく終了し、祖母との最後の対面となる。

別れ花を手向けた後、下重さんはビニール袋に包んだ襦袢を取り出して、祖母の頭の横にそっとそれを納めた。

「何よ、その汚い着物は」

母が嫌そうに顔を顰める。どれどれと覗き込んだ祖父は、襦袢を目にした瞬間、サッと顔色が青くなった。

「おい、これは何処にあったんだ」

震えながら訊ねる祖父に当惑しながらも、下重さんは子供の頃から密やかに行っていた祖母との晩酌について、手短に説明をする。

「何、あの人。そんなことやっていたの」

おかしそうに笑う母とは対称的に、祖父は顔面蒼白で唇を噛み締める。

「こんな汚い襦袢、わざわざ入れなくても良いじゃないか」

そう言って手を伸ばす祖父を、母が苛々した様子で払い除ける。

「ちょっと、お父さん。この子の話、聞いていたの？　思い出の品なんだから、入れてあげなさいよ」

流石の祖父も母には逆らえないのか、跳ね除けられた手は虚空を掻き、力なく下ろされた。結局、襦袢は棺に収められたまま祖母とともに荼毘に付された。


その日の夜のことだった。下重さんは、あの中二階の部屋に立っていた。

すぐに自身が夢を見ていると分かった。子供の頃の自分の姿だったのだ。目の前には、祖母が胡坐をかいて座っている。何かをぶつぶつ呟いているが、よく聞こえない。

「おばあちゃん、何しているの」

紫煙の昇る七輪、酒の入ったグラス。あの日、初めて晩酌に付き合った日の再現のようだった。しかし、祖母がいつも鑑賞しているはずの襦袢がなく、そこには漆塗りの衣桁が絞首台のように聳え立っているだけだった。

ああ、そうか。あの襦袢は、祖母の棺に納めたのだった。

そう、下重さんが思い至った瞬間だった。

「お前、余計なもんを私に持たせたな」

祖母の声だった。下重さんのほうを振り返った祖母の顔には、眼球がなかった。

カタカタカタと音を立てて、七輪が揺れた。そこから真っ白い腕が六本生えてきたかと思うと、祖母の身体を無理やり掴み、七輪の中へと引きずり込んでいく。

　バキバキと骨が折れ、肉が潰れる音とともに、祖母の絶叫が聞こえる。永劫の時に吸い込まれていくかのようだ。祖母の身体が全て飲み込まれた後、七輪の中から何かが吐き出されてきた。血に塗れた舌だった。


　悲鳴を上げて飛び起きた。部屋の中には、血の臭気が満ちていた。悪夢を見たというには、あまりにも生々しすぎる体験だった。

　下重さんの声を聞きつけたのか、祖父が部屋に飛び込んできた。そして顔を顰め、ゲッと大きくえずいた。祖父もどうやら、部屋に満ちる嫌な空気を感じたようだった。

「おじいちゃん。あの中二階の部屋、何なの」

　そう訊ねる下重さんに対して、祖父は難しい顔でむっつりと黙り込んだ。

　何かを話そうと口を開いたかと思えば、また噤む。それを五分ほど繰り返した後で、漸く意を決したようだった。

「あそこは、お前の母親を産んだ女と、その家族が住んでいた場所だ」

　それだけ言うと、またギュッと口を結んで立ち去った。それ以降、下重さんも何となく気後れしてしまい、事の次第を祖父に訊ねる気も削がれてしまった。

下重さんの祖母が逝去してすぐ、後を追うようにして祖父も亡くなった。ちょうど、祖母の四十九日の法要が終わった日のことだった。

「何だか、変な音がするな」

そう言って腰を上げたかと思うと、彼はふらりと出ていったまま戻らなかった。

二時間経っても戻らない祖父を探すため、大騒動となった。警察に連絡しての捜索となったが、履物も玄関にあり、家の中にいるのではないかという結論となった。

そう言われて、下重さんはピンときた。祖父は、あの場所にいるのではないか。

両親を連れて、中二階の部屋の前に立つ。扉にはしっかりと閂錠が掛かっている。

「こんなところ、私でも入ったことないわよ。いるはずないじゃない」

そう苛々した様子で呟く母を制し、下重さんは扉を破って中に押し入った。

薄っすらと月明かりが入る中、目に飛び込んできたのは黒々と立つ衣桁である。そして衣桁の下には祖父が、身体を丸めた状態で事切れていた。慌てて駆け寄ると、既に硬直した身体で何かに齧り付いている。

金切り声を上げながら祖父に縋り付く母、慌てて救急車を呼ぶため部屋を飛び出していく父を尻目に、下重さんは祖父が抱えていたものを引っ張り出す。

七輪だった。

祖母が灰皿代わりにしていたためか、酷い悪臭と灰に塗(まみ)れている。七輪の中にはまだ炭が入っているのか、黒っぽいものが見える。ふっと息を掛け、灰を散らす。

それは、鋸で半分に切られた位牌だった。

真っ二つに切られた位牌が三基、悪臭と灰に塗れた状態でそこにあった。

# 憧れの東京

石立さんとその友人の廣瀬さんは、共に東北地方の小さな田舎町で育った。
子供の数自体がそう多くないため、小学校から高校までは殆ど同じ顔ぶれで成長する。そんな中、廣瀬さんが町に一軒しかない本屋へ取り寄せていた音楽雑誌をきっかけに二人は意気投合し、互いを親友と呼び合えるほどの関係になった。

高校を卒業して家業の和菓子屋を継ぐための見習い職人となった石立さんに対し、廣瀬さんは奨学金を獲得して地元の短期大学へ進学した。二人とも忙しい日常の中ではあったが、住んでいる場所が近いこともあり、時間を見つけては学生時代と変わらず、互いの家を行き来して音楽談議に花を咲かせたのだという。

しかし廣瀬さんが短大を卒業し、医療機器メーカーの営業職へと就いたことで、二人の時間は中々合わなくなってしまった。完全週休二日制の廣瀬さんに対して、土日こそ客が増えるため仕事を休めない石立さん。互いにまだ新人の身で、特に石立さんは気軽に休むことができなかった。

そうこうしているうちに、廣瀬さんへ東京本社への異動辞令が出た。若年キャリア育成の候補者として選ばれたのだ。栄転だった。

数年後には地元支社へと戻ることができるとの触れ込みではあるが、新幹線でも三時間以上掛かる距離に引っ越してしまうことには変わりない。気軽に会うことができなくなるという現実に、石立さんは酷く落胆したという。

一方、廣瀬さんは新生活に対して随分希望を抱いているようだった。給与も大幅に増額する上、社宅として東京の真ん中にあるアパートの一室を貸してくれるらしい。

石立さんも廣瀬さんも、実はまだ東京へ行ったことがなかった。宮城県以南を訪れたのは高校の沖縄修学旅行の一回きりで、東京で流行しているファッションやグルメを雑誌やテレビで度々目にしては、仄かな憧れを抱くに留まっていた。

「俺が落ち着いた後だけど、いつでも泊まりに来いよ。俺が片道の新幹線代を払うからさ」

期待に胸を膨らませてそう捲し立てる親友を、石立さんはやっかみ半分、寂しさ半分で冷たく見送った。

どうせ、お前も東京に行って地元も俺のことも忘れちまうんだろう。

そういう黒い思いが、ずっと心の奥底で燻（くすぶ）っていたのだ。

だからこそ、東京への片道切符が届いたときには本当に驚いた。

廣瀬さんが東京本社へ異動してから半年後のことだった。同封してある手紙には、右上がりの独特な癖字で忙しさのあまり連絡が疎(おろそ)かになってしまったことへの詫びと、石立さんの体調を気遣う文字が躍っていた。

石立さんの実家は、繁忙期だったお盆期間の分の代休を消化するため、十月に一週間ほど店を閉める秋休み期間がある。そのことを覚えていたのか、廣瀬さんが購入したチケットの日付は、まさにその初日に合わせてあった。

【観光して帰ってもいいし、こっちに来てから戻りのチケットのことは考えればいいよ】

そんな気遣いが、手紙の末尾にしたためられていた。元より、あのときの約束では廣瀬さんが行きの新幹線代金を、帰りは石立さん自身が支払うこととなっていた。行楽シーズンから少しずれている平日ということもあり、席が埋まってしまうこともないだろう。

ひとまずチケットの礼とその日に東京へ向かう旨をメールで伝え、改めて手紙を見直した際に、一つ気になることがあった。封筒の裏側に廣瀬さんの名前はあったものの、住所の記載がなかったのだ。

書き忘れだろうか。

妙なこともあるものだと思って封筒を隅々まで確認する。よく見れば、封筒の口の部分に、封緘のつもりか赤い文字で「縄」と書かれていた。これもただの間違いだろうか。そう考えると、何だか受け取った手紙自体に妙な違和感を覚え、慌てて携帯電話を手に取った。廣瀬さんの電話番号は変わっていないはずだ。ダイヤルするが、どうも電源が入っていない旨のアナウンスが流れる。取り込み中かな。いや、まさか。もう午前一時を回ったところだ。流石に寝ているのだろう。そう思って携帯電話を置いた瞬間、間髪入れずに着信音が鳴り響いた。思わずギョッとする。液晶には『ヒロセ』という文字が明滅している。

『電話しただろ。何?』

電話越しの廣瀬さんの声は、最後に話した半年前と何ら変わったことのない様子だった。

「あ、悪い。もしかして寝てた？　いや、お前、住所書いてないからさ、東京着いた後、何処に行けば良いか分からなくて」

思わず、そう口を衝いた。事実、東京の地理には明るくなかった上、一人で新幹線に乗ること自体が初めてだった。

『心配すんなよ。東京駅まで迎えに行ってやるからさ』

そう言って快活に笑う廣瀬さんの後ろで、ギャアッと大きな鳥の鳴き声が聞こえた。

「お前、今外なの？」

『そうそう、残業長引いて帰ってる途中。悪いけど、電車乗るから切るわ』

そう言って、半ば強引に電話は切られてしまった。微かな違和感を覚えたものの、少なくとも相手は確かにいつも通りの廣瀬さんだったし、新幹線チケットの現物は手元にある。難しいことを考えず、石立さんは初めての東京行きを存分に楽しもうと心に決めた。

午後五時、東京駅。

新幹線の降車ホームへ立つ石立さんは、あまりの人の多さに眩暈を覚えた。取りあえず、新幹線改札を出たものの、出口自体の多さに、足が止まってしまう。廣瀬さんが迎えに来てくれると思って一切の下調べをしてこなかったが、東京駅は想定しているより数倍、いや数十倍は広かった。精々、北口南口程度だろう、待合所でのんびり到着を待てばいい。そんな甘い考えが粉々に砕け散ったという。

リュックサック片手に、所在なさげに壁へともたれ掛かる。どうしよう。本当に廣瀬さんに会えるのだろうか。携帯電話は持ってはいるものの、困ったことに、自分が今何処にいるかすら説明できそうにない。

取りあえず、駅の外に出てみようか。そう思った矢先だった。

「あんた、石立さんか」

そう声を掛けられ、飛び上がった。緑色の作業着姿の男が、額の汗を首に巻いたタオルで拭いている。そうよくある苗字でもない。恐る恐る、頷いた。

「良かった。実は廣瀬が仕事で迎えに来られないということで、タクシーで家に向かってくれという言伝を預かっているんだよ。表に車を停めてあるから、一緒に行こうか」

そう言って、男はくるりと踵を返し、歩き出した。思わず面食らった石立さんだったが、勢いに呑まれ後を追う。

「あの、廣瀬は何処にいるんでしょうか。俺、タクシー代幾ら掛かるか分からなくて」

「大丈夫。廣瀬は家にいるし、タクシー代は事前に頂いているから」

迎車っていうサービスだよ。作業着の男は、そう付け加えた。

彼の言う通り、確かに地下駐車場にタクシーが停めてあった。石立さんの地元でもよく見る、黒いセダンタイプの車輌だ。作業着姿の男は、当たり前のように運転席へ滑り込む。彼が運転手のようだ。少し腑に落ちない気持ちもあったが、他に選択肢もない。仕方なく後部座席に乗り込む。ドアが閉まると同時に、タクシーは滑るように走り出した。

初めて見る東京の街は、建物が隙間なく建てられており、少し窮屈な気持ちだった。しかし五分も走るうちにあんなに煌びやかだったネオンは遠ざかり、暫くしたら人家すら疎らになった。

ひょっとしたら、地元より田舎じゃないか。

憧れの東京の風景が何処かで見たような山道に変わったところで、石立さんは少し落胆した。

午後五時半。車は一軒の古めかしい家の前で停車した。乗車時間は十五分ほどだった。

タクシーは石立さんを降ろすと、さっさと走り去った。乗車代金を請求されなかったことに、改めてほっとした。丘、というよりは小高い山の天辺だった。眼下には、街の明かりが瞬いている。辺りを見回すも、この家以外に建造物はない。まるで野原の真ん中に空から落とされたような、やけに場違いな印象を受けた。四方八方から、割れんばかりに虫の声が響く。空には満天の星が輝いている。携帯電話を確認するも、圏外の表示が出ている。

東京にもこんな場所があるんだな。少しばかり東京という街に親近感を覚えた。

家の外観を見れば、廣瀬さんが言っていたアパートというよりは普通の一軒家のようである。事情が変わったのだろう。玄関の格子戸の向こうは、電気が点いていないのか真っ暗だ。裏に回ろうか。そう考えていたら、急に灯りが点き、扉が開いた。

「石立、久しぶり。入れよ」

少し窶(やつ)れたように見える廣瀬さんが、手招きをした。

乾杯の合図でグラスを合わせ、酒を呷る。

「社宅って一軒家なのかよ。凄いけど、こっちのほうが田舎だな」

石立さんの軽口に、廣瀬さんは力なく笑った。

あんなに強引な誘い方だった割りに、廣瀬さんは随分口数が少なかった。これには流石に石立さんも面食らって、場を盛り上げるために幾度となく軽口を叩いた。

「それにしても、昭和だな。昭和そのものだよ、この家は」

卓袱台に座布団、電気ポットに湯呑み。二十一世紀を迎えた年にしては、随分年季の入ったものばかりだ。廣瀬さんも「前の住人のものだよ」と神妙に応えた。

廣瀬さんはやけに昔話ばかりしたがり、自身の現況については殆ど話そうとしなかった。今どんな仕事をしているのか、どんな同僚と働いているのか、東京の暮らしはどうなのか。そういったことを訊ねれば、困った表情で口を濁す。そこはかとない違和感と居心地の悪さを、石立さんは覚えていた。

嫌な雰囲気だった理由がもう一つあった。

先ほどから、家の中に廣瀬さん以外の気配を感じることだ。

手が滑って酒を洋服に引っ掛けたとき、確かに背後の押し入れから押し殺したような笑い声を耳にしたのだ。布巾を取るために廣瀬さんが立ち上がったのを横目で見送り、石立さんは勢い良く押し入れの戸を開いた。そこには人が隠れている様子は疎か、何の荷物も入っていなかった。ただ、薄暗い空虚なスペースが広がっているだけだった。

それでも違和感は拭えなかった。

何処からともなく視線を感じる。一瞬だけ、カーテンレールの上で黒い髪のようなものが動いたのが見えた。砂壁の向こうから、爪で引っ掻くような音が聞こえる。何の前触れなしに、台所の蛇口から水が流れた。

何度問い質してみても、廣瀬さんの答えは変わらない。

「ここに住んでいるのは俺だけだし、今は俺とお前の二人だけだ」

左右に激しく揺れる電灯に照らされながら、廣瀬さんは暗い顔でそう言うのだ。

大きな風が吹いたのか、窓がガタガタと音を立てて揺れた。石立さんは少し酔いが回ったこともあって、無理に話題を見つける気が失せていた。

「なあ、石立。お前さ、前に東京に住みたいって言ってただろう。こっち来ないか？」

唐突に、廣瀬さんがそう呟いた。確かに、以前は都会暮らしに憧れがあった。自分の好きなバンドのライブに気軽に行ける環境に、ずっと憧れていた。

「いや、俺、実家を継がなきゃいけないからさ」

「妹さんもいるし、別に石立がやらなくてもいいじゃないか」

やんわりと断るも、廣瀬さんは食い下がる。

「俺さ、こっち来て消耗しちゃってさ。せめてお前と気軽に会える距離なら、もう少しだけ頑張れそうな気がするんだよ。頼むから、こっち来てくれないかな」

後生だよ。そう言って手を合わせる廣瀬さんを、石立さんは「飲み過ぎだよ」と窘めた。

「やっぱり駄目か。そうか、そうだよな」

そう言って廣瀬さんはコップに残っていた酒を呷ると、顔を両手で覆ったまま卓袱台に突っ伏した。同時に、何処からかプッと噴き出すような声が聞こえた。慌てて近くの窓を開ける。何処までも原っぱと暗い夜闇が広がっているだけだ。

「廣瀬、俺さ、そろそろ帰るよ」

石立さんの声掛けに、廣瀬さんは眠っているようで無反応だった。

仕方なく、部屋の隅に丸められていた半纏のようなものを肩に掛ける。こんなもの、祖母の家でしか見たことがない。饐えた布の臭いに、思わず嘔吐しそうになる。

よく見れば、何から何まで変な家だった。足を忍ばせて家を見て回る。生活に必要なものは置いてあるのに、映画のセットを見ているように何処か使用感がなかった。

二階へ続く階段はあったが、その先はベニヤ板で塞がれている。本棚に無造作に突っ込まれている新聞を手に取ると、昭和五十年代の日付が書かれていた。新聞を元の場所に戻す。途端、小声で「ああー」と落胆したような声が壁の向こうから聞こえた。

限界だった。

大慌てで荷物を纏める。廣瀬さんが送ってきてくれた封筒に「先に帰る　明日も東京にいるから声掛けて」と書き置きを残し、玄関へと向かった。

廊下を歩く石立さんを追いかけるように、天井からゴホゴホと咳き込む声が聞こえてくる。心臓が破裂しそうなほどに、動悸が激しくなっていた。

玄関で靴を履き、格子戸に手を掛けたところで、突如、猛烈に嫌な予感がした。

扉の向こうに、何かが立っている気がしたのだ。耳を澄ませば、虫の声が聞こえてくる。それに混じって響く「ルー、ルー、ルー」という音が、果たして虫の声なのか女の歌声なのかが分からない。

石立さんはゆっくり後退すると、靴を脱いで手に持ち、台所へと向かった。

先ほど、家を探索したときに気付いた。台所にある勝手口が細く開いていたのだ。

勝手口に手を掛けて、ゆっくりと押し開ける。草が踏みしめられた跡があり、そこから微かに道が続いていた。

靴を履き、急ぎ足で道を進む。タクシーが来られたのだ、何処かに道があるはずだ。

五分と歩かないうちに広い道に出た。更に歩けば、バラック小屋のような待合所のあるバス停に着いた。時計を確認すると、時刻はまだ午後七時半だが、既に終バスは出てしまっていた。だが有り難いことに、時刻表の上部にはタクシー会社の連絡先が書かれている。携帯電話の電波も辛うじて入った。

記載された番号に掛けると、数コール後には訛りの強い男性が出た。バス停留所の名前を告げると、十分程度で到着できるとのことで、大人しく待つことにした。

途中、何度か着信があった。廣瀬さんだった。一度は掛け直したものの、電源が入っていない旨をアナウンスが告げる。数秒と空けず、廣瀬さんからの着信があった。その必死さが不気味に感じられて、そっと携帯電話の電源を切った。

タクシー会社に連絡してから二十分ほどして、ヘッドライトの明かりがゆっくりと近付いてくるのが見えた。

「何だか道を間違えちゃってね、お待たせしました」

電話口と同じく訛りの強い言葉に、何だか力が抜けてしまったのか石立さんはただただ涙が流れて仕方がなかった。

「東京駅までお願いします」

後部座席に乗り込んでそう告げると、運転手は怪訝そうな表情で振り返った。

「お兄さん、揶揄うのはやめてよ。こんなところにまで呼び出しておいて」

その言葉に面食らったのは石立さんのほうだった。確か、東京駅から十五分ほどの場所のはずだ。しかし一刻も早くこの場所を去りたかったこともあり、ひとまず最寄り駅までと行き先を伝えて座席に沈み込んだ。

「お兄ちゃんさ、何であんなところにいたの。観光の帰りかなんか?」

案外、話好きなのだろうか。運転手はやけに荒い運転をしながら、石立さんにそう問い掛けた。

「友人があの辺りに住んでいて」

「あんなところに家なんかあったっけか。俺はここで六十年走っているけど、知らんな」

それきり、運転手も何か思うことがあったのか黙り込んだ。

三十分ほど走った頃だろうか、人家や施設などが疎らに見えてきた辺りでタクシーは停車した。

「ほら、着いたよ。上りは次が最終便だから、急いだほうがいい」

やけに小さな駅だった。

運転手にここは何処かと訊ねると、何だか荘厳な名前を告げられた。聞いたこともない。仕方なく駅舎に入る。運転手の言った通り、二十時の段階で残り本数はかなり少ない。駅の行き先を見ても、上り下りともに見覚えのない名前だった。

思案の末、携帯電話の電源を入れた。バッテリー残量は心許ないが、インターネットに接続して駅名を調べる。検索結果に、石立さんは顔を顰めた。

駅名が見つからない。東京都の駅の中に、自分自身が今いる場所の名前が出てこない。遥か遠く、九州には実在するのだが。

振り返って駅名を確認する。間違いない。震える指で、上り下り終点の駅名を調べる。共に、九州だ。

よく見れば、接続列車の行き先として、博多や別府などの文字が書かれている。一気に血の気が引いた。無人駅である上、駅の周りには人家しかない。パニックになりながらも、最終電車に飛び乗った。

「結局、俺がいたのは宮崎県だったんだ。確かに東京駅で降りたはずなのに」

そう言って、石立さんは溜め息を吐いた。

その日は博多接続の最終便に乗って、福岡県まで北上したという。

道中、どうにかして自身がいる場所が東京である証を探したものの、大きな明太子の看板が出てきた時点で、漸く自分が千キロメートル彼方まで移動した事実を認めるしかなかった。

翌日、釈然としない思いで九州見物をし、実家まで新幹線を乗り継いで帰った。東京へ行ったはずなのに九州土産を持ち帰った息子に両親は大いに驚いていたが、多くを語りたがらない石立さんの様子に複雑な事情を察したのか、暫くは店頭に出るのも休ませてくれたそうだ。


廣瀬さんの家に行ってから一カ月後、差出人の名前のない手紙が届いた。

【俺ももうちょっとで地元に帰れるらしいから、そしたらまた、親友として会ってくれ】

そう独特な癖字で書かれた手紙の間には、くしゃくしゃになった血塗れの旧一万円札が三枚同封されていた。

石立さんは少し迷ったものの、手紙は焼き捨て、一万円札は全て募金箱へと突っ込んだ。

封筒裏の封緘はまたしても「縄」で、住所もなかった。

以降、廣瀬さんからの連絡はない。

一度、道ですれ違った廣瀬さんの母親にそれとなく彼の近況を訊いたことがあった。

「息子はもう死にました」

そう憮然とした表情で答え、足早に立ち去った。

あれから二十年以上経った今でも、廣瀬さんが地元に戻ったという話は聞かない。

# 失踪者のシャンゼリゼ

「おばあちゃんが帰ってきたの」

その日、新田さんはすっかり温くなったカフェラテを飲みながら、そう切り出した。

虫の声も落ち着き始めた、十一月のことだった。地元のショッピングモールのフードコートで、工藤さんは十年ぶりに小学校の同級生である彼女と再会した。昔話が一段落したところで突然そう話し始めた新田さんに、工藤さんは正直、戸惑いを隠せなかった。

「おばあちゃんって、えつさんのこと？」

工藤さんの訝しげな問い掛けに、新田さんは当たり前だと言うように強く頷く。

何を、どう言おうか。工藤さんの躊躇いをいち早く察したのか、新田さんは柔和な笑みを崩さず言った。

「いなくなっていた、おばあちゃんだよ」

新田さんの祖母えつさんには、工藤さんが幼い頃からよく世話になっていた。

元々豪農の家系であった新田さんの邸宅はとても大きく、母屋では彼女の両親が小さな電気屋を、離れではえつさんが駄菓子屋を営んでいた。

幼い工藤さん達は便宜上「駄菓子屋」と呼んではいたが、実際は小さな焼き菓子や輸入食材を販売する喫茶店のような場所だった。異国の地から取り寄せた「瀟洒で」「美しいもの」だけを扱うその店は、女学校出身のえつさんによるこだわりが随所で見られた。

後年、歴史の教科書で「サロン」というフランスの社交場の絵を見たとき、工藤さんは真っ先に彼女を思い出した。確か店自体も「シャンゼリゼ」とかいう洒落た名前だったと思う。表の電気屋との温度差や純和風建築を無理やり西洋風に作り替えた内観も相俟って、異様な雰囲気を纏った趣味の店を、えつさんは細々と営んでいた。

豊かなグレーの髪をショートボブに切りそろえた彼女は、工藤さん達が店を訪ねると、決まって聞いたことのない名前の菓子を出してくれた。

これはヌガー、こっちはラングドシャ、マカロン、カヌレ、ブレッツェル。甘いトワレとバターの香りに満たされた空間で、えつさん秘蔵のレースや刺繍、外国の絵本を見せてもらう。当時、異国の地の少女に憧れていた工藤さん達にとって、少し背伸びした世界を垣間見られる場所だった。

転機が訪れたのは、工藤さんが小学三年生のときだ。ある日、えつさんの飼っていた猫のロゼが行方不明になる事件が起きた。

ロゼ自身が既にかなり高齢だったため、恐らく死に場所を求めて消えてしまったのだろうと新田さんの家族は考えていた。しかし、えつさんは上手くその出来事を咀嚼できなかったらしい。野良猫の多い地域だったこともあり、えつさんはロゼと似たような猫を捕獲器と餌を手にして片っ端から捕まえ始めた。

いつの間にか、猫なら手あたり次第捕獲対象となり、必然的に、えつさんの駄菓子屋は餌付けした野良猫で溢れ返った。真っ白い壁が猫の糞尿で汚され、テーブルの上に広げられていたレースや刺繍も黄色く変色していった。

工藤さん達はその不潔さと獣臭さに自然と足が遠のいたものの、えつさんは一向に気にしていない様子だった。

新田さん宅の前を通る度に、怒号や罵声、何か物が壊れる音が常に響いていた。破れた窓からは異臭が漂い、町内会からも散々苦情が出ていたそうだ。

何処か触れてはいけないような気がして、工藤さんを始め、シャンゼリゼに通っていた友人達は新田さんと変わらぬ友情関係を続けていた。しかし、やはり新田さんも暗い表情でいることが多かった。

元々予兆はあったが、一年もしないうちにえつさんは自我を失っていった。

シミーズ姿で通りを彷徨(うろつ)くこともあれば、かつての飼い猫の名前を叫びながら町内を走り回っていることもあった。

一度は腐乱した猫の死骸を持って、小学校の校庭を半裸姿で闊歩(かっぽ)していたこともある。町内の要注意人物としてえつさんは警戒され、彼女が近くに来れば皆が遠巻きにし、目を逸らした。


煽(あお)りを受けたのは新田さんの両親が営む電気屋である。

腐臭や糞尿の臭いが漂う店舗へ近付く客はいなくなった。思い詰めた表情で店舗の前に佇む夫妻を度々見かけた。不動産会社の人間も何度か土地を見に来ていたそうだ。宅地の売却を考えるほど、追い詰められていたのかもしれない。

ロゼがいなくなって二年後の秋、えつさんは高校生が運転する自転車に接触し、転倒した。右足の大腿骨を骨折した彼女は、そのまま車椅子生活への移行を余儀なくされた。もう、えつさんは動けなかった。

時間をそう空けず、新田さんの家に大型の重機が何度か入っていく姿を目にした。

そうかと思うと、あっという間に離れの取り壊しが始まった。

小さなケージに詰め込まれた無数の猫達は、軽トラックが荷台に載せて何処かへ運んでいってしまった。凝った装飾も、美しい陶器も、貴重な切手や絵本も、鈍色（にびいろ）の巨大なシャベルが強引に引き潰し、蹂躙（じゅうりん）していく。自身の居場所が取り壊されていく様を、えつさんは意外にも大人しく見つめていた。

そしてその翌日、彼女は忽然と姿を消した。

「あれからどれくらい経ったっけ」

工藤さんの問い掛けに、新田さんは即座に「二十年」と答えた。そうか、もうそんなに時間が経っていたか。

えつさんも、今の世ならば様々な行政支援を受けられただろう。あの当時、アルツハイマーや認知症なんていう言葉は、まだ工藤さん達が住む田舎の集落までは浸透していなかった。

新田さんの両親は吹けば飛ぶような電気屋を経営するので手一杯だった。まだバブルが弾けて間もない頃だったし、皆が皆、生きるのに必死で、独り静かに狂っていく高齢女性を助ける余裕がなかった。

「えつさんは、その、御存命なの？」

随分言葉を選んだ工藤さんの問い掛けに、新田さんは曖昧に笑った。

「良かったら、会いに来る?」

会える状況なのだろうか。

工藤さんの心が小さく跳ねた。会えるものなら会いたい。

幼い工藤さんの思い出の中には、常にえつさんの店があった。甘いお菓子と瀟洒な装飾、外国の絵本の中に入り込んだような世界観。あの頃、少しずつ変わっていくえつさんから、目を背けることしかできなかった。大人になった今、あの甘い記憶には苦い罪悪感が表裏一体となって貼り付いている。えつさんと会うことで、幼い自分の罪に区切りを付けたかった。

しかし。何だか、無性に嫌な予感がした。

新田さんの雰囲気に得体の知れない居心地の悪さを感じ、肌寒い季節だというのに工藤さんはじっとりと汗をかいた。

「おばあちゃんから、シャンゼリゼの話を聞いたこと、憶えてる?」

グッと記憶の糸を手繰る。

シャンゼリゼ。確か、元々はギリシア神話に出てくる、エーリュシオン、エリゼの園を指すフランス語だった。えつさんの店の由来となったその語に纏わる話を、確かに聞いた覚えがあった。

神々に祝福された、心の美しい者達が死後に導かれるといわれる幸福の島。白いポプラの花が満ちる、美しい島。えつさんが読んでくれた絵本の中でも特にお気に入りの話で、何度も繰り返し語ってくれたのを憶えている。

だから、美しくなさい。お行儀良く、お利口さんにしなさい。人に優しくありなさい。そうすれば、西の果てにある永遠の園で、痛みも憂いもない、至福の時間を永遠に過ごすことができますよ。あなた達にはその素養があるんだから。

「馬鹿みたいって思われるかもしれないから黙っていたんだけど」

工藤さんがえつさんとの思い出を反芻していると、新田さんはそう前置きした上で自嘲気味に笑いながら呟いた。

「おばあちゃんがいなくなった日、実は最後に会ったの、私だったんだよね」

二十年前のあの日。

離れが取り壊された夜、何だか妙に心が落ち着かず、新田さんは布団の中で眠れずにいた。

午前二時を回った辺りだろうか。突然、襖が音もなく開いたかと思うと、別の部屋で寝ているはずのえつさんが入ってきたのだという。咄嗟（とっさ）に新田さんは横を向き、寝たふりをした。

本来ならば寝惚けた祖母を寝所に連れ戻すために声を掛けるべきなのに、何故かその日だけはそんな気が起きなかった。

えつさんは新田さんの枕元に正座をすると、じっと彼女の顔を見下ろしていた。その視線は、瞼の向こう側だというのに痛いほど伝わってきた。

「ね、ゆりちゃん。おばあちゃん、シャンゼリゼに行くの」

びくんと心臓が跳ねた。

早鐘を打つ鼓動がえつさんに伝わらぬよう、新田さんはひたすら願った。

「本当はゆりちゃんも一緒に連れていきたかったけど、寝ているから、おばあちゃんが先に一人で行くわね。落ち着いたら会いに来るから。ゆりちゃんの大好きな小鳥さんになって、必ず一度戻ってくるからね。おばあちゃんはシャンゼリゼの人間になっちゃうけど、ゆりちゃんはおばあちゃんを忘れないで。必ず迎えに来るから、必ず」

それだけ言うと、えつさんは音もなく立ち上がり、出ていったという。

薄目を開けて後ろ姿を確認すると、藍色のワンピースの裾が、ひらりと襖の向こうへ消えていくところだった。

確かあの服は随分前に、もう着られなくなってしまったと何処かにしまい込んだまま、なくなってしまったものではなかったか。

離れの押し入れの奥底で、色とりどりの美しい洋服に埋もれて、きっと今頃は瓦礫の下、泥に塗れているものではなかったか。


「そもそもおばあちゃんが立って歩けるはずがないから、夢でも見たのかと思っていたの。でも翌日、おばあちゃんは本当に何処かへ行ってしまった。あれは夢じゃなかった」

それだけ一気に話すと、新田さんは携帯電話を取り出した。

データフォルダを開き、一番上の画像を示す。工藤さんは嫌な予感を抱えながらも、彼女が示す液晶画面を覗き込んだ。

竹細工の籠の中に、藍色の小さな鳥がいた。申し訳なさそうに餌箱へ留まり、カメラの方向を伏し目がちに見ている。

「おばあちゃんでしょ」

新田さんは小さく呟いた。

「いや、これはインコじゃないかな。誰かの飼っていた鳥が、たまたま迷い込んだとか」

無粋だとは思いながらも、工藤さんはそう返す。新田さんの目がやけに昏い光を宿していて、恐ろしかった。

「待って。動画もあるの。私の名前を呼んでいるんだよ」

工藤さんの話を慌てて遮り、新田さんは動画ファイルを開く。そこには先ほどの鳥が、やはり申し訳なさそうに身を縮めながら、ピューイピューイと心細げに鳴いていた。

「ゆり、ゆりって聞こえるでしょ」

口角に泡を溜めながら、新田さんは絞り出すように言った。今度は工藤さんも、何も答えられなかった。

「おばあちゃん、やっと帰ってきてくれたから。今度は私がきちんとお世話するんだ」

それから一カ月もしない頃だった。

居間で本を読んでいる工藤さんに、彼女の母親が興奮した調子で話しかけてきた。

「ねえ、昨日の夜、角の電気屋に泥棒が入ったらしいよ」

初耳だ。角の電気屋とは、新田さんの家である。現在は彼女の弟夫婦が店を継いでいるのだが、取り扱い商品を拡充したお蔭か、割合繁盛していた。

工藤さんは母親から彼女の話が出たことに、何だか妙な符合を感じた。

「へぇ。電気屋だから、最新の家電とか盗られちゃったのかな。大損害だね」

工藤さんの言葉に、母親は訳知り顔で首を振る。

「それがね、泥棒が入ったのは母屋のほうみたい。しかも相当大人数で来たらしくって、部屋はぐちゃぐちゃ、葉っぱや泥だらけでお掃除も大変だって。でも、そんなに大勢で来たのに、あの家の人たち、全員ぐっすり寝ちゃっていたそうよ。全然気付かなかったから、泥棒軍団に遭遇しなかったみたい。運がいいのか悪いのか分かんないよね」

言いたいことを言い終えたのか、母は台所へと戻っていく。

全員寝ていた？

それはまた、随分と手練の泥棒集団が近所に出たことになる。とんでもなく恐ろしいことだ。

「それで、泥棒は何を盗っていったの？」

工藤さんの問いに、母親は既に話題への興味を失ったらしく、「なぁんにも」と面倒くさそうに言った。

「金目のものは特に盗られなかったみたい。部屋を滅茶苦茶に荒らされたほうが大損害だって」

「金目のもの以外には何か盗られたの？」

工藤さんの問いに、母親は妙な顔をして、「それが、ね」と切り出す。

「ペットの鳥を盗まれたらしいのよ」

鳥。

嫌な汗が背中を伝っていく。

鳥って、まさか。新田さんが話していた鳥ではないか。

「奥さんに話を聞いたんだけど、どうも迷い鳥をゆりちゃんが捕まえて、世話していたんだって。だから案外、元々の飼い主が取り返しに来たんじゃないかって言っていたわよ」

インターホンを押すと、新田さんは意外にもあっさりと工藤さんの訪問を受け入れてくれた。

「散らかっているけど、良かったら上がっていって」

警察による現場保存も一段落したのか、荒れ放題だったという部屋の中も粗方片付き始めていた。泥が擦られた白壁に目を遣りながら、彼女の部屋へと誘われる。湿った泥と草の臭いが、室内だというのに充満していた。

部屋に通されると、その臭気は一層強くなった。まるで深い山の中にいるかのような錯覚に、頭がくらくらする。

新田さんは素知らぬ顔で、湯沸かし器の湯をティーポットに移している。見覚えのある茶器だ。工藤さんの視線に気付いたのだろう。

「懐かしいよね、これ。おばあちゃんが使っていたやつ」

そう言って、新田さんは力なく笑った。

「今思えば、もっとおばあちゃんのことをしっかり見ていれば良かったなって、考えるよ。おばあちゃんも、自分自身が厄介者で、居場所なんてとっくの昔になくなっちゃったこと、分かっていたんじゃないかな。だから、楽園を探しに行ったんだと思ってるんだ」

工藤さんは何も答えられなかった。代わりに、点々と畳に染み込んだ大小の足跡を目で追う。

大人の足、子供の足、男性の足、女性の足。

まるで二人のいるテーブルを取り囲むように、様々な足跡が複雑な模様を描いている。

「ねえ、ここにある足跡、見て」

友人はそう言うと、畳の一部分を指で示した。そこには泥が薄く丸くこびり付いている。

「これ、ロゼの足跡だよ」

工藤さんは思わず頬を緩めた。

ロゼ。懐かしい。えつさんと同じくらい気位の高い猫だった。そんな他愛のない思い出話をしようと口を開きかけたが、新田さんの思いのほか深刻な顔を見て、慌てて言葉を飲み込む。彼女は今にも泣き出しそうな顔で、心なしか身体も少し震えていた。

「あの日の夜、ロゼもここに来たの」

事件があった晩、新田さんはいつものように鳥籠の水を交換してから、寝る準備を始めた。鳥が来てからというもの、テーブルの横に布団を敷くのが習慣となっている。その日も布団に入る前まで、鳥は相変わらず申し訳なさそうに身を縮めて大人しくしていたという。

深夜二時過ぎだろうか。新田さんは劈（つんざ）くような絶叫で起こされた。身体を起こそうとしても動くことができない。誰かが彼女の上に仁王立ちしていた。甲高い悲鳴と、バタバタと小さいものが暴れるような音が聞こえる。彼女は慌てて頭をぐいと上げた。

複数の真っ黒い人影が、木のテーブルを囲うようにして立っている。テーブルの上に置いてある籠の中では、鳥が何かから逃げ回っている。手だ。

小柄な人影が、前のめりになって籠の中へ腕を突っ込んでいる。鳥は盛んに声を上げながら、その手を必死に避けていた。

「お願い、やめて」

そう声に出そうとしても、掠れた吐息しか出ない。

やがて疲れた鳥が餌箱へ足を掛けた瞬間、黒い腕がその身体をしっかりと掴んだ。

再び、鳥が大騒ぎを始める。しかし人影は動じない。

暴れる鳥の右足が、餌箱を結ぶ針金に引っ掛かった。

構わず腕が引っ張る。ぎゃあぎゃあという悲鳴に、苦痛の色が加わる。

藍色の羽根が散っていく。

「お願い、やめて。千切れちゃうから。やめて」

新田さんの必死の叫びも届かない。

あっという間に引きずり出された鳥は、手の中でぐったりとひしゃげている。それを見た瞬間、彼女の意識はゆっくりと遠のいていった。


「ロゼを追い出したのは、私なの」

新田さんは泣きじゃくりながらそう告白した。

祖母のレースの上で粗相をした猫を、怒りのあまり叩き出してしまったそうだ。年を取って臭いも酷くなったロゼを、彼女はかなり疎んでいた。

「ねえ、私、高校辞めてからずっと、バイトもしないで、お小遣い貰って、弟夫婦は両親の電気屋を継いだのに、私は何もしないで、この家にずっと居座って」

そう言って、机の上に置いてあったクッキー缶の蓋を開ける。そこに敷きつめられた無数の藍色の羽根の上に、引き千切られた鳥の足が一本、枯れ枝のように収まっていた。

「おばあちゃん、私のせいでこんなことになっちゃったんだ。おばあちゃんには待っていてくれる場所があるのに、待っていてくれる人がいるのに、私が無理やり引き留めたから」

工藤さんは無言で荷物を纏めると、彼女の家を飛び出した。

身体にこびり付いた泥の臭いは、暫く経っても落ちなかった。時を置かず、新田さんが身一つで失踪したという報せを聞いたときも、そう驚きはしなかった。

何処か彼女を必要としている世界に行ったのだろう。そう、思った。

そんなことが起きてから、数年経った。

相変わらず角の電気屋は繁盛しているし、新田さんは帰ってきていない。

ただ奇妙な出来事があった。

工藤さんが趣味の遺構巡りをしていたときの話だ。ある山中で明治時代に建設された発電所の名残を探していると、前から初老の男性が歩いてくるのが見えた。

獣道さえまともに見えない山の中、まるでふらりと買い物でもするような軽装だ。

工藤さんは自身の身を支える命綱を握りしめながら、唖然とそれを見送った。

すると後から後から、たくさんの人が歩いてくる。急斜面といっても良い場所を、少しも身を崩すことなく黙々と歩いていく。

その殆どが老人だ。無数に現れる人影を茫然と見つめていると、集団の中に猫を抱え、片足でひょこひょこと歩く人影があった。

ゆっくりとこちらへ歩いてくる。

すれ違う一瞬、薔薇（ばら）の香りがした。

ズタズタになった藍色のワンピース姿の老婆と猫が、山の中へと消えていく。そのまま暫く行進は続いたが、彼らが何処へ向かったのかは分からない。

取り残された彼女は、湿った泥と草木の匂いに噎（むせ）びながらも、ただ彼らの旅路が幸福であることを祈った。

# 既視感

狩猟をされている、中井さんという方から伺った話だ。

その夜、中井さんはくくり罠の空弾きを直すため、仕事から帰った後に山へと入っていた。

夜目が利かないので、普段は日が傾いてから山に入ることはない。しかし、猟期も終盤に近付いていたため、中井さんは一匹でも多くの猟果が欲しかった。

夕刻といっても、山の中はすっかり暗くなっていた。手元が辛うじて見えるくらいだ。

このままでは帰りは真っ暗な中を歩くことになる。

急がなくては。

背を丸めて、大慌てで罠を掛け直す。まさにそのときだった。

背後から強烈な視線を感じ、ぞくりと鳥肌が立った。思わず振り返ると、中井さんの五メートルほど後方に、六十代半ばくらいの登山服姿の男性が立って、ぼんやりとこちらを見ていた。

まるで木から生えたキノコのように、半身だけをニュッと突き出している。

ギョッとして飛び上がりかけたが、同時にその男性の顔に既視感を覚えた。

男性がいる場所は既に闇に沈んでいて、よく見えない。だが、見えない一方で何処か見覚えがある。恐怖心よりも、その引っ掛かりが中井さんをその場に留めた。

そのとき、不意に男性が口を開いた。何かを言っている。

耳を澄ましても、まるでテレビの砂嵐のようにザーザーと妙な音が聞こえるだけで、喋っている内容が分からない。

一見すると異様な光景ではあるものの、そのときはまだ、中井さんは人工声帯を使用している登山客だろうと思っていた。たまたま自身の友人がそうであったため、寧ろその声に親近感を覚えていた。

「何言っているか分かんねぇよ。こっち来てくれ」

中井さんの声掛けに対し、男性は相変わらず半身だけの状態で、それでも必死な形相で何かを訴えかけてくる。その声は依然として、ザーザーとノイズのようにしか聞こえてこない。

ここにきて、漸く中井さんも気味が悪くなってきた。

何か言いたいことがあるならば、そんな覗き見のような格好ではなく、こちらへ来れば良い。まるで、自分を傍まで呼び付けているみたいじゃないか。

殆ど睨み合いのような状況が五分ほど続いたところで、中井さんは奇妙な変化に気が付いた。今まで殆どノイズのようだった声が、少しずつ明瞭になり始めたのだ。

「ここから先に行けないんだ」

「ずっと下りられずにいるんだよ」

「あんた、聞こえているんだろ。助けてくれ！」

まさか、遭難者か。

それならば必死な様子なのにも合点がいく。辺りは闇に沈みつつある。もし怪我でもしていれば、麓まで下ろすのにも難儀だろう。

「ちょっと待ってろ。今、そっちに行くから」

そう言って立ち上がり、懐中電灯を男性のほうに向けた。しかし何かが変だ。懐中電灯を照らしながら近付く。違和感を覚えて、立ち止まった。

色がない。懐中電灯の光で照らされた男性は、まるで新聞紙から抜け出してきたみたいに、服も皮膚も、全て白黒だった。

背を向けて走り出した。背後からは男性の助けを呼ぶ声が聞こえていたが、距離が開くに従い、またザーザーとノイズのような音へと変わっていった。

大慌てで山を駆け下りた後でも、中井さんは生きた心地がしなかった。

怖い。怖い。怖い。自分自身が見たものが、何なのか分からなかった。

どうにか人心地着きたくて、開いたばかりの行きつけの居酒屋へと駆け込んだ。焼酎を出してもらい、一気に煽る。そこで漸く、身体が震えてきた。しかし、あの男性は誰だったのか。初めて見たときに覚えた既視感の正体が掴めない。

そのまま小一時間ほど呑んでいた中井さんは、尿意を覚えて席を立った。用を足し、手洗い場の壁を見た瞬間、小さく悲鳴が漏れた。

もう十年以上貼られている行方不明になった登山者の写真。最早色が抜けて白黒になった写真の主こそが、あの男性だったのだ。

「あのとき、夕闇がこっちとあっちの境界を曖昧にしちゃったせいで、偶然チャンネルが合っちゃったんだろうな」

以降、中井さんが暮れ時の山に近付くことはなくなったという。

# やみ路

森下さんの友人である健太さんは、酔うと愚痴っぽくなるタイプだったという。

最近離婚したということも相俟（あいま）って、余計にその傾向が強くなった。

程よく呑んでいるうちは楽しい人柄なのだが、酒が進むに連れて「俺は不幸だ、孤独だ」と、目の前にいる人から同情を買おうとする。故に、仲間内で呑むときも、最後まで健太さんの目の前に座っているのは面倒見の良い森下さんだけだった。

その日も、湿っぽくなった雰囲気を察し、くだを巻く健太さんから徐々に人が離れていった。いつの間にか森下さんと二人で取り残された健太さんは相当できあがっていたのか、いつもは絶対に触れようとはしない自身の過去、「不幸の始まり」について話し出した。


健太さんが八歳のときの話だ。

彼は学校の長期休暇の度に、田舎に住む祖父母の元へと預けられていた。シングルマザーであった健太さんの母は派遣コンパニオンとして生計を立てており、稼ぎ時である夏冬に関しては、全く家に帰ることができない日々が続くためだった。

元より健太さん自身も暗い部屋の中、独りぼっちで菓子パンを齧って過ごすよりも、自分に甘い祖父母の元で五月蠅く言われずに過ごせることを楽しみにしていた。

ただ祖父母が住んでいるのは限界集落と呼ばれる場所であり、娯楽は疎か、同年代の遊び相手すらいない。そのため、仕方なしに虫取りや魚釣りをしたり、近隣に住む老人の話し相手になったりするのが恒例の暇つぶしとなっていた。

中でも、特に健太さんを可愛がってくれたのが祖父母の隣家に住む秦さんだった。

秦さんは齢八十を超える老婆で、早くに夫子供を亡くした天涯孤独の身だった。

加えて糖尿病の合併症により足が変形しており、更には目も相当悪かった。

「まるで世界が剥がれ落ちるかのように、ボロボロと穴が開いて見えるんだよ」

幼い健太さんに、秦さんは自身の視界についてそう説明した。殆ど失明状態に近かったのではないかと、健太さんは述懐する。

健太さんは秦さんに兎に角よく懐いていた。お手玉や双六、けん玉といった遊びを教えてもらったり、目が悪い秦さんの代わりに簡単な家事を引き受けて小遣いを貰ったりしていた。秦さんは、健太さん自身にとって身内以上に心を許せる第二の母親のような存在だった。

そんな健太さんには、祖父母にも、そして秦さんにも秘密にしている遊び場があった。それが、藪向こうにある祠だった。祠といっても半壊していて、一見すると無造作に石が打ち捨てられているような状態である。しかし、これがまた随分と面白かった。何故なら、この祠は「喋る」のだ。

最初は、ほんの戯れだった。暇を持て余していた健太さんが藪に向かって石を投げていたところ、ガツンと何か固いものに石がぶつかった音がした。

「いたぁい。だあれぇ」

それと同時に、藪の奥から妙に間延びした、幼い子供のような声が聞こえた。ひょっとして、藪の中にいる誰かにぶつかってしまったのだろうか。真っ青になった健太さんは、大慌てで藪に向かって声を掛けた。

「ごめんなさい。小里のところにいる、健太です。怪我はないですか？」

すると声の主は、やけに嬉しそうな声色で「けんちゃーん」と呼びかけてきた。

てっきり顔見知りかと思って藪をかき分けていった先にあったのが、件の崩れた祠だった。ヒノキの葉が空を覆っているため、藪の向こう側は昼間だというのに足元が覚束なくなるほど薄暗い。姿は見えないが、誰かいるのだろうか。そう思って見回してみるも、相変わらず目に入るのは崩れた祠だけだった。

「けんちゃーん」

再び、暗い針葉樹林に声が響いた。

明らかに、積み重なった石自体がその声を発していた。石の隙間を覗いてみたが、音を出すものは見られない。それどころか、石自体が緑深く苔むしており、暫く人の手が触れた痕跡がなかった。

得体の知れない存在を感じた健太さんは、急に恐ろしくなり、その日は走って祖父母の家へと逃げ帰った。

しかし、子供の好奇心とは不思議なもので、次の日の昼頃には、再び同じ場所を訪れていた。

まだ太陽が燦々（さんさん）と輝いていること、舗装された道がすぐ傍にあることが、健太さんの恐怖心を薄めてしまったのだ。

道中で拾った小石を祠に投げると、三度、嬉しそうな声で「けんちゃーん」と呼びかけてきた。

気味が悪い。でも、名前を呼ばれるだけで特に害があるようには思えなかった。

怖いもの見たさもあって何度も祠に通い、その度に石を投げた。しかし祠は馴れ馴れしく「けんちゃーん」と呼ぶだけで、それ以上のことは何も言わなかった。祠を蹴ったり、石で叩いてみても同様だった。

それは、健太さんが祖父母に連れられて県外へ三泊四日の旅行をし、帰宅した翌日の出来事だった。いつものように、喋る祠の様子を見に行ったのだという。すると、祠は何故かもう、うんともすんとも言わなくなっていた。

石をぶつけても、靴の先で蹴っても、何も喋らない。急に、魔法が解けたような心持ちになった。

つまらない。

仕方なく、そのまま近くの河原でオタマジャクシを捕ったりして、一日を過ごした。

ふと気付いたときには既に辺りは夕闇に沈み、空には一番星が輝いている。幾ら放任気味だとはいっても、夕飯に間に合わないと祖父母から小言を貰うことになるだろう。健太さんは急いでバケツを手に取り、帰路を急いだ。

夜の田舎の道は虫の声で賑やかだ。頭上から降り注いでくるような虫の音に塗り潰されぬよう、健太さんはわざとアスファルトをじゃりじゃりと鳴らしながら歩いていた。だからだろうか。後ろから、チャッチャッチャッチャッチャと、リズミカルな蹄音が近付いてくるのに気付くのが遅れた。

振り返ってみれば、夕闇に黒く塗り潰されているものの、大きな角のあるニホンジカが真っすぐに健太さんのほうに向かってきた。

祖父母にシカは警戒心が強い動物であると教わっていた健太さんだったが、友好的な雰囲気すら感じられる様子に、思わず足を止めた。

「けんちゃーん」

不意に、聞き覚えのある声が響いた。思わず、辺りを見回す。この場所は、件の祠からはかなり離れているはずだ。

「けんちゃーん、けんちゃーん」

声が近付いてくる。

そこで、はたと気付いた。何が、自分の名を呼んでいるのか。

踵を返し、全速力で走り出す。膝が震え、呼吸が荒くなった。

怖い。怖い。怖い。

背後からは、変わらず健太さんを呼ぶ声と、リズミカルな蹄音が追いかけてくる。

気付けば、わあわあと泣きながら集落へと続く道を駆けていた。

するとと、その声を聞きつけたのか、ちょうど乗り合いバスを降りたばかりの秦さんが、杖を突きながら懸命に走り寄るのが目に入った。

「なんだべ、お前は。ほれ、あっち行け！　シッシッ！」

秦さんは健太さんを後ろに隠し、杖を振り上げる。しかし、ニホンジカは怯まない。

「けんちゃーん、けんちゃーん」

そう、変わらず嬉しそうな声で健太さんを呼び続ける。

「こいつぁばけもんだ。健太、見ちゃいけん。早く集落の誰か呼んでこい」

秦さんの声と同時に、振り回していた杖がニホンジカの首に当たり、肉が大きく抉れた。

それと同時に、異様な臭気が漏れる。シカの身体は、明らかに腐敗していた。


「来るな、ばけもん。来るな、来るな！」

「けんちゃーん、けんちゃーん、けんちゃーん」

秦さんの絶叫と、シカの声が混じる。

健太さんは耳を塞いで集落まで走り、片っ端から門戸を叩いて回った。

事情を説明しなくても、腐臭を漂わせて号泣する健太さんの姿を見て、何らか非常事態が起きていることを察したのだろう。大人達を引き連れて寄り合いバスの停留所に戻ってみれば、秦さんが血だまりの中で呆然とへたり込んでいるのが見えた。

大人達は秦さんが大怪我をしたのではと血の気が引いたようだったが、秦さんはただ怯えた様子で泣きじゃくっているだけだと分かり、少し安堵した様子である。

「怖いよ、怖いよ」

そう呟きながら子供のように震えている秦さんを毛布で包み、何とか慰めながら、彼女の自宅まで抱きかかえるようにして連れ帰った。

残された健太さんはどうにかして自身が見たものを伝えようしたが、子供の語彙力では到底体験した不可解さは伝わらない。

悪臭のする血だまりはあるというのに、肝腎の腐ったシカの姿は何処にもないのだ。加えて、藪の向こうにある崩れた社についても、集落に住む誰一人として「知らない」のだという。結局、誰かが鉄砲で撃ち損なったシカに襲われただけではないか、興奮したシカの飛び散る血を浴びて恐慌状態になってしまったが故の勘違いではないか。そういった結論で、この件は無理やり幕引きにされてしまった。

しかし、翌日から秦さんの様子が少しずつおかしくなったことに、健太さんは気付いた。起きている間中、ずっと何かに怯えているのである。以前は身体が不自由ながらも庭木の手入れをしていたものの、今は全くの手付かずといった具合だ。日中、度々健太さんの祖父母の元に訪れては、不安を吐露していた。

「ずっと家の中に何かがいるみたいで落ち着かない。特に、暗くなって目が殆ど利かなくなると、そいつが傍まで寄ってくる。怖くて電気を消すことができない」

心配になった祖母が何度か夕方に様子を見に行こうかと打診したものの、秦さんは、何故かそれだけは頑なに断り続けた。

「夜には絶対に来ちゃいけない。特に、健太だけは絶対に連れてこないでくれ」

そう言って、日が傾きかけてからは決して家から出なかった。

健太さんにも、何処かで自分が招いたことだという罪悪感があった。

罪滅ぼしにできることはないかと積極的に秦さんの家へと訪れたものの、秦さんは頑なに家の中へは通してくれず、縁側でお喋りするに留まった。そのことが、更に健太さんの心を苛(さいな)んだ。

「秦さん、ごめんなさい。簡単なことしかできないけど、また前みたいに手伝わせてください」

あるとき、健太さんは罪悪感に耐え切れずそう申し出たところ、秦さんは息を呑み、ボロボロと大粒の涙を流したそうだ。

「健太は何も悪くないよ。優しい子だね、ありがとう」

皺だらけの大きな手で、グッと健太さんを抱き寄せる。思わず、健太さんも涙が零れた。

「昼のばっちゃんは平気なんだけどな、最近は頭が変になってきたのか、暗くなると駄目になっちまうんだよ。だから、家の中みたいな陰が多いところに健太を入れたくないんだ」

そう言って、悲しそうに秦さんは微笑んだ。

「暗くなると駄目って、どういうこと？」

尚も食い下がる健太さんを制すと、秦さんは急に辺りを見回し声を潜めた。

「ばっちゃんは真っ暗になるとな、バケモンになるんだ」


それからというもの、秦さんを外で見かける機会は殆どなくなってしまった。

ただ家にいることは確かだった。外からでも分かるくらい、煌々と明かりが灯っていたからだ。


夏休みが終わりに近付き、健太さんが母親の元に帰る前日、早朝の出来事だった。

「助けて、助けて」

そんな弱々しい声を聞きつけた健太さんは、一気に目が覚めた。

秦さんの声だった。二階から外を覗いてみれば、はだけた着物姿の秦さんが往来で蹲っている。慌てて駆け付けると、秦さんは悲痛な声を上げながら、泣いていた。

「夜が明けない。夜が明けないよぉ」

慌てて秦さんを抱き起こす。全身、擦り傷だらけだ。手探り状態でここまで這ってきたのだろう。健太さんは、思わず泣きながら秦さんを抱きしめた。

「爺ちゃん、婆ちゃん。助けて！　秦さん、目が見えないみたい！」

母屋に向かって、そう呼びかける。すると、秦さんは手探りで健太さんの顔を触ると、その頬を大きな手で優しく包み込んだ。

「健太、よく聞け。もう、ばっちゃんは死んだぞ。これからは、ばっちゃんを見ても、絶対に近付いてきちゃなんない。健太、頼むから約束してくれな」

そう言って、おいおい泣き崩れたという。

近所の人の力も借りて落ち着きを取り戻した秦さんは、やはり完全に失明した様子だった。酷く狼狽えた様子の秦さんを見ながら、健太さんは罪悪感に潰れそうだった。その日は偶然にも、麓に住む町医者は学会のために出張しており、秦さんを診せることはできない。

翌日、車で連れていくことにして、眠ってしまった秦さんを皆で家へと運び込んだ。

「うちの娘が不眠症のときに飲んでいた薬を飲ませたから、明日の朝まではぐっすりだよ」

祖母がそう言うのを、健太さんは確かに聞いた。

近所の人達も、いよいよ秦さんにも介護が必要になってしまったと頻りに心配していた。

先ほどの錯乱した様子を見る限りには、精神的にも少し問題が表れているように思える。身寄りのない秦さんをどうするか話し合う大人達を前に、健太さんは震えが止まらなかった。

「健太、大丈夫。秦さんは爺ちゃん達が布団に寝かしたし、電気も消してきたからな。明日の朝になったら、健太を駅に送るついでに秦さんをでかい病院まで連れていくよ」

心配する健太さんに対し、祖父は安心させるためか、そう言って優しく頭を撫でた。

その日の晩だった。日も落ち、そろそろ夕食かという頃、玄関の戸が激しく叩かれた。

ちょうど、二階で宿題に励んでいた健太さんが下を覗いてみたところ、そこには朝と同様にはだけた着物を引きずり玄関戸を叩く秦さんの姿があった。

薬が切れてしまったのだろうか。思わず呼びかけようとした瞬間、あの声が響いた。

「けんちゃーん」

何処から。思わず、身を引っ込める。

「けんちゃーん、けんちゃーん」

流石に、健太さんも気付いた。声の主は、秦さんだった。

慌てて出てきた祖父母が玄関に齧り付く秦さんを引き離すも、まるで二人など意に介さぬように家へと侵入を図ろうとする。その異様な様子に、祖父母も明らかに怯えていた。

「けんちゃーん、けんちゃーん、けんちゃーん」

「健太、出てくるなよ！　今、婆ちゃんが近所の人を呼びに行ってるからな」

階下から揉みあう音と祖父の怒声が響いた。健太さんは恐怖のあまり、布団をかぶったまま震え続けるしかなかった。

そうこうするうちに、祖母が呼んだ近所の人たちが集まってきた。無理やり秦さんを自宅へ連れ戻し、電気を点けたところで、漸く正気に戻ったそうだ。

「御迷惑をお掛けして、申し訳ございません」

そう深々と頭を下げる秦さんからは、あの大暴れしているときの異様な雰囲気は感じ取れなかった。

「どうかこのまま、電気も点けたままにしてお引き取りください」

そう言って丁重に皆を帰らせた。しかし、それが秦さんを見た最後の姿となってしまった。翌日、秦さんは忽然と姿を消したのだという。

健太さん曰く、それ以降のことは殆ど分からないらしい。

大騒ぎになったことは確実だが、電車の時間もあり、健太さんは後ろ髪を引かれながらも家へと帰らされてしまった。

翌年以降は母親が再婚したこともあり、祖父母の田舎自体に行くこともなくなった。


「じゃあ、秦さんとはそれっきりなのか」

森下さんの問い掛けに、それまで饒舌に語っていた健太さんは急に顔を曇らせた。

「俺さ、会っているんだよ。その後、秦さんに」

「何だよ。じゃあ、見つかったということ？」

そう問い返せば、健太さんは青い顔をして震え出した。

「高校生のときにさ、俺、校外学習で隣の県の山に行ったんだよ。夜のキャンプファイヤーのときに小便したくなって、火から離れたんだ。屋内に戻るのも面倒だし、何処か見えない茂みですればいいやって。それで、用を足して戻ろうと思ったらさ、奥の林がガサガサ動いたんだよ」

健太さんはそこで言葉を切ると、目の前の酒を一気に呷った。

「タヌキか何かかと思って覗き込んだらさ、そこにはズタズタに傷付いた全裸の婆さんがいて、俺に向かって〈けんちゃーん〉って呼びかけてきたんだ。満面の笑みで」

思わず悲鳴を上げたところ、異変を察した教員達が駆け付け、懐中電灯で老婆を照らし出したらしい。その瞬間、ギャッと大きな叫び声を上げ、その老婆は猿のように四つ足で走り去っていった。

結局、そのときは不審者が出たという話で落ち着いたが、健太さんはその老婆の正体が誰なのか分かっていた。あれは、確かに秦さんだった。

「それから俺、怖くなって。あの秦さんの皮をかぶった変な奴、多分、明るいのが苦手なんだよ。人工の明かりとか。だから、夜もなるべく明るくして、人とつるんで、独りでいないようにしたんだ。だから、あれ以降は変な奴に遭わなかった。だから、俺、安心していたんだよ」

そうやって夜遊びするうちに、健太さんは結婚し、子供もできた。今は六歳になる徹君だ。順風満帆な生活だった。しかし、悲劇は少しずつ近付いていた。

神社で夜祭が行われた日だった。尿意を催した徹君を神社の裏側の茂みに連れていったところ、泣きじゃくりながら戻ってきたのだという。変な奴がいたという徹君の言葉に、まさか小児性愛の変質者かと健太さんが気色ばんだところ、次の言葉で全身が一気に冷え切った。

「どろどろの、真っ黒に腐ったおばけに声を掛けられたの。おばけが、けんちゃーんって呼んだの」

よく見れば、徹君は幼い頃の健太さんそっくりだった。

あいつが、間違えたんだ。健太さんはそう考えた。

「だから俺、頭に来てさ、夜になる度にあの化け物を探し回ったんだよ。勿論、徹もこのままじゃヤバいから、金髪にして後ろ髪伸ばして、更にピアスも開けようとしたら、あの馬鹿嫁が連れてっちゃったんだよ！　俺は、俺は。徹を思って、夜もずっと暗い場所を歩き回っているのにさ」

この辺りで相当酔いが回ったのか、健太さんは泣きながら机に突っ伏した。

「おいおい。大丈夫か」

森下さんが肩を摩るも、健太さんは譫言のように話し続ける。

「あいつ、何も分かっちゃいないんだよ。俺を独りぼっちにして、あいつ、俺から徹を引き離そうとしているんだ。俺、ずっと寂しいんだよ。ずっと独りぼっちで、ずっとずっとずっと、ずっと、ずっと独りぼっちでさ。漸く会えたんだ。漸く会えたんだよ。良かった。本当に良かったよ。会えたからさ。待ってたんだ、ずっと」

まるで壊れたレコーダーのようになった健太さんを揺さぶり、森下さんは訊ねた。

「誰だよ。誰に会ったんだよ、お前は！」

聞いた瞬間、猛烈に嫌な予感がした。

健太さんはふと顔を上げ、濁った目からボロボロと涙を流しながら、満面の笑みを浮かべて言った。

「けんちゃん」

それ以降、森下さんは健太さんには会っていない。

程なくして、健太さんはアルコール依存症が祟って身体と精神を壊し、専門の病院に強制入院になったという噂を聞いた。

まるで幼子のように、「けんちゃん、けんちゃん」と譫言を呟きながら、今も変わらず入院生活を続けているそうだ。

# 指女房

狩猟を行う上で、撃った獲物を余さず利用することができれば理想的だが、可食部は思ったよりも少ないため、必然的に余りが出てきてしまう。

中でも頭部は全くと言っていいほど食べられないのだが、これはこれで使い道がある。

所謂（いわゆる）、スカルトロフィー（頭骨標本）というものである。特に角が立派な牡鹿の頭骨に関してはアート関係者に向けて広く需要があり、傷や欠損がない形の良いものだと、そこそこの金額で売却することができる。肉と違って衛生管理の許可を必要とせず、長期保管できるという点も魅力的である。

このスカルトロフィーを作るには方法が二つある。

一つは一斗缶に皮と肉を剥いだ頭部と重曹を入れ、骨になるまで煮るという方法である。これが一番早い方法ではあるものの、頭骨内に残った脳漿（のうしょう）や耳や鼻付近の神経や肉などを、骨を分離しながら掃除する必要があり、根気がいる作業となる。

綺麗には仕上がるものの、丸一日掛けて行うには中々割に合わない仕事である。

もう一つの方法は、頭部を土に埋め、上からブロックや石で重しをするというやり方だ。

これなら土中の虫や微生物が細かい部分まで分解してくれるため、後には綺麗に頭骨だけが残る。タヌキやキツネが掘り返す心配や、頭骨の色が黄ばんでしまうことを除けば、ただ埋めておくだけというのは存外簡単な方法に思える。

ただ、一度埋めるからには一年間はそのまま放置しておくしかない。中途半端なタイミングで掘り返してしまうと、悲惨な光景を目の当たりにすることになるからだ。

これは加賀さんという方から伺った話である。

隣家に住む小谷さんという方が、このスカルトロフィーを作っていたところ妙なものが出てきたと言って訪ねてきたそうだ。

「俺が一年前に埋めたときには、確かになかったのによ」

そう言って取り出したキャラメルの箱の中には丁寧に白い綿が敷かれており、その中央に、女性の人差し指が眠っているかのように鎮座していた。

ギョッとしてよくよく覗き込んでみると、木片か骨片かは分からないが、兎に角、人の身体の一部ではないのだけは確かなようである。

小谷さんが言うには、家の裏の畑に埋めておいたシカが咥(くわ)えていたのだそうだ。タヌキに盗まれないよう厳重に石で重しをしておいたため、誰かに掘り起こされた形跡も見られない。そろそろ良い塩梅だろうと土を落としていたら、この「女の指」らしきものがシカの口からコロンと転がり落ちた。一年は埋まっていたはずなのに、汚れは疎か、土の一つも付いていない。まるで今この瞬間に切り落としたかのように、瑞々しい。

加賀さんが思わず手を伸ばすと、それは小さく身じろぎするかのように震えた気がした。驚いて、出しかけた手を引っ込める。まじまじと見れば、それは確かに何かの欠片である。しかし、見れば見るほどに、白い女の指の幻影が重なる気がしてくる。まるで妖気に当てられたような気がして、慌てて加賀さんは目線を逸らした。

「小谷さん、あんた、これは人の手に負えるもんじゃないよ。悪いこと言わないから、山にお返ししてきなさい」

たかがガラクタ。そう断言できないほどの妙な雰囲気を、それは発していた。

こういうよく分からないものは、深く考えず早々手放すのが一番である。妙なものの誘いに乗ることは、賢い人間のすることではない。

加賀さんは、何故か妙に焦燥感を覚えながら、そう小谷さんを説得した。しかし、小谷さんはやけにうっとりとした表情で、首を振るのだった。

「手放す？　馬鹿言わんでくれ。こいつはもう、俺の嫁さんなんだよ」

そう言って、いそいそと胸ポケットに小箱をしまい込む。

「小谷さん。馬鹿を言っちゃいけないよ。何が嫁さんだ、こんなガラクタが」

「ガラクタってあんた、これがそう見えないから『お返ししろ』なんて言ったんだろう」

「六十過ぎて、何を言っているんだ。確かに、女の人差し指に見える。見えなくもないが、たかが指一本じゃないか」

「それでも、いい女の指なのは確かだろう」

そう言って胸ポケットを撫でると、小谷さんは満面の笑みを浮かべた。その笑顔はあまりにも「取り憑かれている」という言葉がぴったりなくらい嫌なもので、加賀さんはそれ以上の言葉を飲み込むしかなかった。


しかし、その日から小谷さんを中心とした奇妙な噂が集落で流れ始めた。

それまで大して腕が良くなかった小谷さんが、獲物を手にする姿を頻繁に見るようになった。またやけに洒落っ気が出たと思えば、家の中からは明るい笑い声が聞こえてくる。

小谷さんは十年前に両親を相次いで亡くしてから、一人暮らしだったはずだ。誰か訪ねてきているのかと思えば、狭い集落だというのに客人の姿を目にしたものはいない。当人に訊ねたところで、やけに歪んだ笑みを浮かべたまま話を濁すばかりである。

そんなことを随所で耳にしながらも、加賀さんは小谷さんが手にした「女の指」については、誰にも話せずにいた。


とある巻狩りの日のことだった。

加賀さんの集落では、年に数回、交流も兼ねて集団での狩猟を行っている。

普段は単独で行動している者も、この日に限っては輪に加わらなければならない。

当然、加賀さんも鉄砲を担いで山に入ったのだが、そこで、とんでもない光景を目撃することとなった。

遥か向こうから勢子と猟犬がイノシシを追い詰め、いよいよ射手の出番かというときである。それまで必死に走っていたイノシシが、小谷さんの姿を認めた瞬間、ピタッと停止した。そこへズドンと鉄砲の弾が撃ち込まれ、イノシシはあえなく絶命した。

一度目は偶然ということもあるが、それが二度、三度と続くと、いよいよ気味が悪くなってきた。猟犬が腹に齧り付いたとしても、まるで魅入られたかのように小谷さんの前に佇むイノシシの姿を見て、加賀さんは薄ら寒いものを感じたという。

それは猟友達も同じだったようだ。

その日の猟果は非常に満足がいく結果だったものの、全員は強張った表情を浮かべていた。記念の集合写真を撮ったあとの酒席では、全員が示し合わせたように小谷さんに酒を勧め出した。元より酒が強い訳ではない小谷さんは、あっさりと泥酔した。

「小谷さん、あんた、最近何かあっただろう」

一人がそう切り出すと、小谷さんは実に嬉しそうに例の小箱を取り出した。

「あんたら、今日の獲物は俺のかみさんが恵んでくれたものなんだよ」

そう言って、小谷さんはまるで惚気(のろけ)話をするかのように今までの経緯を語り始めた。

一年前に埋めたシカの頭骨が、女の指を咥えていたこと。

その指を神棚に上げていたら、夜ごと勝手に降りては身体を這い回るようになったこと。

互いに思い合うならと密やかに祝言を挙げたこと。

「かみさんが言うんだ。『自分を猟に伴えば、獲物を与えてやる』って」

恍惚(こうこつ)とした様子で話す小谷さんだったが、全員の視線は小箱の中に注がれていた。

加賀さんも数カ月ぶりに例の指を見て、ギョッとした。

確かにそれは白い何かの欠片であると認識できるはずなのに、女の指の幻影は、より現実味を帯びて重なるようになっていたのだ。

白魚のようにすらりと長い人差し指に、花の茎のような緑色の血管が伸びている。その先には、まるで桜貝のような爪が付いている。慌てて頭を振る。すると元の白い何かに戻る。しかし、どうしても艶めかしい女の指にしか見えなくなっていた。あの日から、更に輝きが増したように思えた。

他の皆も妙な色気を感じたのだろう。どよめきが起きた。

「小谷、それをちょっと貸してみろ」

そんな言葉を皮切りに、急に気色ばんだ空気になった。全員酒が入っていたこともあり、簡単に手が伸びてしまう。不穏な空気を感じ取ったのか、小谷さんは咄嗟に小箱を掴むと、腹の中へ隠してしゃがみ込んだ。

怒号が飛ぶ。一人が小谷さんの腕を無理やり引っ張り上げたかと思えば、もう一人が無理やりその手から小箱を毟り取った。更に、もう一人がそれを横から奪い取ったかと思えば、誰かがその手を捻り上げる。

「頼む！　やめてくれ、返してくれ！」

小谷さんの悲痛な声が上がるも、既に場の空気は乱闘寸前であり、誰しもが目をギラギラさせて小箱へと手を伸ばしていた。

「そもそも、小谷がこんなものを持ってきたのが悪いんだ」

一人がそう叫ぶと、燃え盛る達磨ストーブの口を開け、既に半壊していた小箱を中へ投げ込んでしまった。その瞬間だった。

ぎゃあああああああああああああっ！

すぐ裏の山から、凄まじく大きな女の断末魔が響き渡った。随分長い時間のように思えたが、正味十秒くらいの出来事だろう。叫び声が消えた瞬間、その場にいた全員はまるで毒気が抜かれたかのように身体の芯がスッと冷静になっていくのを感じた。

「ああっ、何てことだ……何てことだ……」

悲痛な声が聞こえた方向へ目を遣れば、小谷さんが達磨ストーブの中から必死に燃え滓を掻き出していた。しかし、どんなに掻き出したところで小箱の灰が出てくるだけで、遂に女の指らしきものは出てこず、小谷さんは随分項垂れた様子で帰っていった。

後に残された面々も、どうにも気まずい空気が流れるばかりで、誰もが口を噤んだまま、その日は早々に解散することになったという。

それから数日後のことだった。小谷さんの訃報が届いた。職場での事故だった。

木材加工用のノコ盤に衣服が巻き込まれ、キリキリと締め上げられてしまったそうだ。機械が止まった頃には既に身体が切断される寸前で、工場内は血の海と化していた。

小谷さん自身は亡くなる数日前から顔色も悪くうつ状態だったこともあり、実際のところは自殺だったのではないかとも噂されていた。

加賀さんを始め、あの日の巻狩りに参加した面々は、口には出さないものの、小谷さんの死を引き起こしたものについて、心当たりがあった。

あの場にいたものは皆、何処かで後ろめたさや気まずい思いを抱えていたに違いない。

誰から言い出したのかは分からないが、小谷さんの弔いを猟友で行おうという話が出た。小谷さん自身、既に身寄りもないことから墓は無縁になってしまうにしても、せめて葬式くらいはきちんと出してやるべきではないかという話になったのだ。

加賀さんも遺影に使える写真を探していたところ、最後の巻狩りの日に撮った写真の存在を思い出した。現像に出したまま、取りに行くのを忘れていたのだ。

慌てて受け取りに行って、写真を確認した瞬間、思わず悲鳴が出てしまった。

獲ったイノシシの写真、巻狩りの様子。これらには変わったところはない。しかし、最後に撮った集合写真には、奇妙な光景が写し出されていた。

強張った表情の猟友に囲まれ、満面の笑みを浮かべる小谷さんが写っている。

しかしその胴体は、中央がまるで砂時計のようにキュッと窄(すぼ)まっている。そして、真ん中のくびれた部分には女の白い手が、まるで小谷さんを握り潰してでもいるかのようにはっきりと映り込んでいた。

その手は、人差し指が欠損していたそうだ。

「でもよ、結局あの写真の小谷が一番幸せそうだったから、それを遺影にしたんだよ」

あんな幸せそうな顔は見たことがなかったからな。

そう言って、加賀さんは美味そうに煙草を燻(くゆ)らせた。

# あの山のコンコンさん

田村さんがその地域に移住してきたのは、五年前のことである。

元々は町おこし協力隊として過疎化に喘ぐ山麓の小さな集落の雑事の手伝いを行っていたのだが、自然環境と触れ合ううちに、都会生活では得られない魅力的な経験にすっかりと取り憑かれた。結局田村さんは数度の期間延長をしたのちに、農業と狩猟者、二足の草鞋を履く形でその集落に根を下ろすことに決めた。

勢いだけで始めた田舎生活ではあったが、どうやら性にあっていたようで、手探りながらも成果が得られるようになっていった。集落のほうも余所者である田村さんに案外優しく、若手が増えることを純粋に歓迎してくれた。

ただ一方で、随分新参者がいなかったせいか、田舎特有の暗黙の了解やローカルルールが無数にあり、それらを汲み取ることに大変苦慮したそうだ。殊更、狩猟に関して言えば現行の法律なんて知らぬ存ぜぬの旧態依然のやり方が罷り通っており、いつか大きな問題に繋がるのではないかと毎度ひやひやしながら猟に参加していたという。

勿論、狩猟は水物であり、教科書通りにいかないことのほうが大半である。田村さん自身が試行錯誤したところで、経験則にはとてもではないが敵わない。

そのため、大ベテランである集落の猟師にくっつきながらノウハウを覚えていった。


田村さんが初めて狩猟に同行したときの話だ。

獣道やその痕跡から獲物を見つけ、銃で撃ち取り、解体し精肉する過程を教えてくれたのは、隣家に住む片平さんである。

片平さんは七十代半ばの男性だったが、精力的に山を歩いてはシカを獲っている。小さな体躯で百キロ近い獲物を麓まで引き出す姿は鬼気迫るものがあり、片平さんの知識、体力ともに田村さんの憧れとなった。

その日も片平さんは猟犬を使いながら難なくシカを一頭仕留め、慣れた手付きで内臓出しをしていた。

「こっちの地域は、必ずこうするんだよ」

片平さんはそう言って、慣れた手付きで解体残滓（ざんし）を木の根元に埋める。元来真面目な性格である田村さんは、余計なことだとは思いつつも、一言物申した。

本来、内臓を埋設処理するときは動物に掘り起こされないように重機等で深い穴を掘って埋めるか、窪地に放って石で蓋をするのが正しい処理方法である。基本的に残滓は持ち帰ってゴミ処理すべきだ。不法投棄は犯罪であり、折角取得した狩猟免許が取り消される可能性もあるのだ。しかし、四角四面に主張する田村さんに対して片平さんは頑なに首を振る。

「こっちでは、これが決まりなんだ。こうやって埋めておけば、あれが食べに来るからな」

そう言って、随分浅いところに内臓を埋める。

「あれって、タヌキかなんかですか。餌付けは駄目ですよ」

どうしても納得できない田村さんが訊ねると、片平さんは急に明後日のほうを向きながら「それはなぁ、あいつだよ」とやけに濁した様子でそう答えた。

「獣みたいなもんだ。お前もすぐに分かると思うが、奴とは縁を作るなよ」

それだけ言って、さっさと踵を返す。法を犯すことに後ろめたさを覚えつつも、仕方なく片平さんの後について山を下りようとした瞬間、急に生臭い匂いが鼻を衝いた。続いて、大きな身体を持った何かがゆっくりと背後に迫るのを感じる。まさか、熊だろうか。

ギョッとして振り向こうとした瞬間、片平さんが「見るな」と鋭く声を上げた。

「見たら終わるぞ。絶対に見るなよ」

そう鬼気迫る語調で言われたからには振り返ることもできない。背後からはチュルチュルと軽快な水音が響くのを感じ、頭の中には毛むくじゃらの巨体が内臓をうどんのように啜る姿が過ぎった。

「正直言って慣れるしかないが、これはこの集落の決まりなんだよ」

大分山を下りた後、片平さんはシカを担ぎながら、そう苦々しげに呟いた。人生で初めて触れた得体の知れない存在の気配があまりにも恐ろしくて、その日は布団をかぶって朝まで震えて過ごした。

これが初めての猟のときの話だという。

田村さんはその後も何度か片平さんの猟に同行し、集落での暗黙の了解もある程度分かり始めたものの、生真面目な田村さんは違法行為である残滓放置についてだけは、いつも気が進まなかった。

ただ、片平さんが言う「すぐに分かる」という言葉の意味については、出猟の回数を重ねるうちに、段々と肌で感じるようになっていった。

獣を獲り、内臓出しを行っていると、背後から薄っすらと何かの気配が近付いてくる。それが、まるで圧力を掛けるかのように、じっとりと熱視線を送ってくるのだ。そのため、結局は根負けして内臓を木の根元に埋めてしまう。

幾度となく、「あれ」について片平さんに訊ねたが、いつも口を閉ざされるか話題を逸らされ、一度としてまともに教えてもらえたことがなかった。敢えて「あれ」の存在を口にすることを避けているような様子である。

それならばと集落の別の狩猟者に訊ねてみたところで、そんなものは知らないし見たこともないと言う。

これには田村さんも頭を抱えてしまった。確かに、「あれ」の存在を感じてはいるものの、それに共感してもらえるのが片平さんだけなのだ。その片平さんが何も言わないからには、もやもやとした気持ちを抱え続ける他に手段がない。

田村さんは釈然としない思いを抱きながらも、言いつけ通り、「あれ」を深追いしない生活を続けていた。

ある日、巨躯のイノシシを捌いているときだった。

その日は随分寒かったということもあり、手がかじかんで思った通りに動かず、解体にいつもの倍の時間が掛かっていた。すると、突如背後から「ウー、ウー」と子供が愚図るような声が聞こえてきた。

「あれ」が急かしている。そんな姿が脳裏に浮かんだ。

大慌てで内臓出しを終え、それを木の根元に埋める。そのとき、つい「終わったよ」と伝えるために山刀の柄でコンコンと木をノックしてしまった。

背後の声が消えた。その瞬間、どっと冷や汗が噴き出た。片平さんの「縁を作るなよ」という言葉が頭を過ぎる。自身の軽率な振る舞いを呪った。背後から注がれる強烈な視線から逃れるように、足早にその場から離れる。そのときだった。

コンコン。

木を固いもので叩くような音が響いた。「あれ」が田村さんの行為を真似ているかのようだった。

まるで御礼でも言っているみたいだ。

初めて得体の知れないものとコミュニケーションを取れたことが、妙に嬉しかった。何だか、余所者の自分が初めて集落に受け入れられたような気がしたのだ。

それからも、その奇妙な交流は続いた。

獲物の内臓出しをしていると、いつの間にか何か大きな存在の気配を感じる。近くにある木の根元に手早く臓物を埋め、コンコンと木をノックして立ち去る。すると、呼応するようにコンコンと背後からノック音が聞こえる。それだけの関係だった。

たったそれだけの交流ではあったものの、田村さんにとっては十分だった。

「あれ」の存在を惧れ、遠ざけるだけの片平さんとは異なり、田村さんには心を通わせている自信があった。経験では遠く及ばないものの、何処かベテラン猟師に肩を並べたような奇妙な優越感すら覚えていたそうだ。

ある秋のことだった。

その年はやけに痩せたイノシシが多く、不猟の日が続いた。どうも全国的に良くない病気が流行っているらしく、田村さんがいる集落でも大規模な感染が確認された。政府機関から狩猟者達にも、山で死んでいる個体があれば検体を提出するよう協力依頼がされた。

確かに、流行しているのが目に見えて分かる。冬に向けて積極的に肥えていく必要がある中、イノシシの姿を見ること自体が極端に減ったのだ。漸く獲れた一匹に関しても、目も濁り毛並みも随分悪かったため、その日は感染防止のため丸のまま運んで山を下りることにした。

撃ち取ったイノシシの四肢を持ちやすいよう針金で縛っているときだった。突如、背後から子供の愚図るような声が響いた。「あれ」が来たと、直感的に分かった。

今日はないんだよ。

そう心の中で謝罪するも、勿論、背後の存在に届くはずがない。

唸り声は近付いたり遠ざかったり、まるで田村さんの周りをグルグル回って急かしているかのようである。

コンコン。

真後ろで木を叩くような音が響いた。慌てて、イノシシを担いで立ち上がる。

コンコンコンコンコンコンコン！

今度は山中の木が揺れるほどの音が響いた。

怒っている。背後から感じる威圧感に、膝ががくがくと震えた。今更ながら、片平さんの言った「縁を作るな」という言葉の意味を痛感した。

田村さんは殆ど這うようにして、その場から逃げ出した。

やっと人心地付いたのは、イノシシを解体し終わった後だった。

外はすっかり夜の帳(とばり)が下りていた。ふと目を遣った先には、卵用に飼っている鶏小屋がある。そこから、ふと嫌な臭気が漂ってきた。

おかしい。何かがおかしい。

やけに静かだ。

胸騒ぎを覚えながら鶏小屋を覗き込む。

五羽、全ての鶏が死んでいた。よく見れば、臀(しり)の周りが真っ赤に染まっている。そこから何かが臓物を吸い出したようだった。

あいつだ。

確認して回ったが、金網は破られていない。そんな芸当ができるのは、「あれ」しかいないはずだ。

恐怖と怒りで頭が真っ白になる。道理が通じない相手に手を出してしまったことに対して、今更ながら深い後悔の念が押し寄せた。


「おい。夜に何やっているんだ」

鶏を埋めるための穴を庭に掘っていると、片平さんが訪ねてきた。

慌てて時計を確認すると、夜の八時を過ぎている。

流石に、この時間に照明を点けながら穴を掘っている状況は怪しいことこの上ない。

田村さんはタオルで顔を拭い、深い溜め息を吐いた。

「あの山のコンコンさんに、鶏をやられたんですよ」

どういうことだと訊ねる片平さんに、これまでの経緯を説明する。すると、見る見るうちに、片平さんの表情が変わっていった。思わず、田村さんの言葉も止まる。

「お前、何やってんだよ。あんなに言ったのに」

唇をわなわな震わせながら、片平さんは零した。

「あんなに縁を作るなって言ったのに、名前なんか付けやがって」

コンコン。

田村さんのすぐ真後ろから、音が聞こえた。

何かが背後にいる。

片平さんは、凍り付いた表情で田村さんの後ろを凝視していたが、すぐに顔をくしゃくしゃに歪めて泣き笑いの表情を浮かべた。

「そうか。お前は、そんな感じなんだな」

それだけ言うと、田村さんの横を通り、ふらふらと山に向かって歩き出す。

「片平さん、行かないでください」

歯が噛み合わず、掠れ声でそう訴える田村さんの声などまるで聞こえないかのように、片平さんは草を揺らしながら立ち去っていく。

その後を追うようにして、コンコンという音も次第に遠ざかり、いつしか夜闇は再び静寂で満たされた。

結局その後、田村さんが片平さんの姿を見ることはなかった。

まるで夜逃げでもするかのように荷物を詰め込み、翌朝には片平さんはいなくなっていた。夜の間に必要な物だけを軽トラックに詰め込んで逃げ出したのだろう。

集落の誰一人として片平さんの行き先を知らず、後にはもぬけの殻になった家だけが残っている。

あの件以降、田村さんは山には近付いていない。しかし、相変わらず「あれ」はやってくるのだという。

「俺、気付いたんです。あいつ、木を叩いているんじゃない。声真似をしているんです。夜になると、俺の家の周りをあいつが歩き回っている。もう、鼓膜が破れるんじゃないかってくらい、大きな声で、コンコン、コンコン、俺に呼びかけてくるんですよ」

折角、成果物が収穫できるようになった畑も、「あれ」の瘴気にあてられたのか、売り物にならないほどに熟れすぎてしまい、まともな収入にもならない。

田村さんは現在、元いた東京に戻る準備をしている。

# 亜熱帯の双眸

伴坂さんの趣味は、トレッキングである。

大学時代、植物の遺伝子研究に没頭し、国内外問わず数多(あまた)のジャングルを訪れては踏破してきた。手付かずの自然は彼女にとって、唯一心を解放できる場所ではあるものの、社会人になった今となっては、気軽に海外へ足を向けることはできない。

特に伴坂さんが働いている化粧品メーカーでは、研究職の人手が極端に少なく、連続した休みを取れたところで三日が良いところであった。

だからこそ、伴坂さんは久しぶりに取得できたリフレッシュ休暇を全部使って、南方にある離島へ出向くことに決めていた。

その島ではシダ植物やコケ類が殆ど人の手が加わっていない状態で繁茂(はんも)しており、原始世界を思わせる光景が見られるのが特徴だ。亜熱帯の原生林には、本土で見ることができない動植物が生息しており、パスポートを必要としないながらも十分に異国の空気を味わえる。

伴坂さんにとって大変魅力的ではあったが、国内の離島の密林とはいえ恐ろしいものは存在する。一番の敵は毒性生物だ。

危険性の高い大型哺乳類が生息していない分、足元に棲むもの達は賑やかである。毒性の強いヘビや虫、かぶれる可能性がある植物にも十分に注意しながら藪漕ぎしなければならない。

常に気を張って歩いているだけあって、自身に迫る異変を感じることには敏感になってくる。だからだろう。伴坂さんは、その嫌な存在が放つ気配に早い段階から気付いていた。

何かが見ている。

ジャングルに一歩足を踏み入れた瞬間から、背中がひりつくような視線を感じていた。時たま、野生動物や鳥達がこちらを見ていることはあったが、ここまで明確に「見られている」と感じたのは初めてだった。

幾度となく振り返って確認したが、視線の正体は見当たらない。どうにも居心地の悪さを覚えながら一日を過ごした伴坂さんは、いつも以上に入念な場所選びを徹底した上で野営することにした。

一日目の夜のことだ。

湿度とテント内に侵入した羽虫に苛(さいな)まれながらもうつらうつらしていると、虫達の声に混じり、女性の叫び声のようなものが聞こえた。ジャングル内で聞こえてくるそれは、その殆どが鳥か蛙の鳴き声が人の声のように認識できるだけだ。伴坂さんにとってみれば、特に気にすることでもないので、耳栓でもして眠ろうかと考えていた。

「伴坂さん」

急に、テント越しに名前を呼ばれ、仰天して飛び起きた。

若い女性の声だ。その甘ったるい声色は、何処かで聞いたことがあるような気がした。

「伴坂さん、あたしだよ」

再び、テント越しに声が聞こえる。囁くような、それでいて何処か必死さを覚える声だった。テントの入り口を開きかけて、伴坂さんは迷った。

声には聞き覚えがある。しかし、声自体がどうも実体がないような、存在を感じさせない、妙な響きなのだ。もしかしたら、自身がおかしくなりかけており、幻聴が聞こえたのかもしれないと思うほどだった。

意を決して、テントの入り口を開く。その途端、布越しの明かりや体臭に吸い寄せられていたのだろう羽虫達が、一気にテント内へ侵入を図った。飛び込んできた虫達に一瞬顔を背けた瞬間、前方で小さなものがサッと動くのが見えた。ギョッとして顔を上げたときには既に姿はなく、あとは満天の星空の下で虫達の声が響くばかりだった。

まんじりともできない夜が明けた。

外は夜露でぐっしょりと濡れている。昨晩の声は気のせいだったのだろうか。テントの周りを確認するも、人の足跡らしきものは見当たらない。野生動物の食餌跡らしきものが所々に点在しているくらいである。

やはり、あれは聞き間違いだったのだろう。

確かに名前を呼ばれたような気もするが、今となっては夢現の中で聞いた声である。どうにも釈然としない気持ちを抱えながらも、元々予定していた大型木生シダの群落地へと足を向けた。

その日も、前日に覚えた視線が付いて回った。何かに見られているという確信があるにも拘らず、その双眸の主が見当たらない。高い湿度と深い緑に呑まれながら、息苦しさと居心地の悪さで窒息しそうになる。

トレッキングは早めに切り上げて、残りの旅程は町で過ごしたほうが良いかもしれない。

目当てであったシダ群を写真に収め、帰路を目指す。

随分奥まで来てしまったため、その日も野営となることは確実だった。

なるべく開けたところで過ごしたかった。しかし、中途で霧が出たため思ったほど歩みは進まず、結局前日と同じ場所にテントを張ることとなってしまった。

その晩だった。

「伴坂さん、伴坂さん」

自分を呼ぶ声で、伴坂さんは目を覚ました。

「伴坂さん、お願い、助けて」

必死にそう訴える声は、昨晩聞いたものと同じだった。

幻聴ではない。確かに、テントの向こう側から聞こえる。

急いで寝袋から這い出し、テントの外へ飛び出す。

視界が悪い。外は生憎の濃霧で、目を凝らしてみても人の姿が見られない。

「伴坂さん、こっちだよ」

頭上から声が聞こえた。

思わず首を捻り上げると、ヘゴの木の上に巨大な黒毛の猿が座り、まじまじとこちらを見ていた。

この猿が、自分を呼んだのだろうか。

「伴坂さん、お願い、助けて」

猿から声が聞こえた。よくよく見れば、猿は西瓜のようなものを手に持っている。

「ねえ、さっきから何度もお願いしているじゃない。いい加減、助けてよ！」

手に持っていた懐中電灯をパッと当てると、西瓜だと思われたものは、女の首だった。

思わず、眩暈を覚えた。

女の首は、更に罵詈雑言（ばりぞうごん）を伴坂さんに浴びせてくる。そういえば、あの女の声には聞き覚えがあった。

三年前、急に職場に来なくなった派遣社員の女だ。

あの、鼻に衝くような甘ったるい声。間違いない、あの女の首だった。

「ああっ、やめて、やめて」

ブチブチと髪が引き千切られるような音がしたかと思うと、猿が女の頭頂部辺りに口を付けている。中身を啜っているようだった。

「伴坂さん、助けて。あんたのせいなんだから。伴坂さん、伴坂さぁぁぁん」

密林の中に、絶叫が木霊した。それ以上、見ていられず、伴坂さんはテントの中へと逃げ込んだ。

外からは何かを咀嚼するような音と、あの女の断末魔が、いつまでも終わることなく響いていた。まるで永遠かと思えるほどだった。

いつの間にか、気絶していたようだった。

テントの中で目覚めたときには、既に朝を迎えていた。

慌てて外へ飛び出し、昨晩猿を見た辺りを念入りに確認する。ヘゴの木の下には、ヤシ科植物の果皮に含まれる繊維のようなものが大量に落ちていた。植物繊維であることは確かなのだが、大量に散らばるそれは、まるであの派遣社員の茶色い髪の毛のように見え、伴坂さんはその場で嘔吐した。

予定を早めに切り上げて本土に戻った伴坂さんは、職場の同僚にあの派遣社員の消息を訊ねた。すると、同僚達は意地悪そうな笑みを浮かべ、次のように答えた。

「え。伴坂さん、知っているものだと思ってた」

曰く、あの派遣社員は伴坂さんが所属している部署の前部長と不倫をした挙げ句、二人して駆け落ちをしたのだという。確かに、派遣社員が出勤してこなくなった頃、前部長も有給休暇を消化した後に職を辞していた。ただ、それについては前部長の奥様の介護のために辞められたという建前だったはずだ。

「前部長。自分の両親の介護を奥さんに押し付けて鬱病にした挙げ句、あの女と一緒に、会社の高い資材持って逃げちゃったんだよ。ほら、管理体制の強化とか、あの頃に色々あったじゃない」

同僚にそう言われて、漸く思い出した。

三年前、確かに資材紛失の管理不行き届きで部署全体が大目玉を食らい、休日返上で働いていたのだ。死に物狂いだったため、すっかり事の詳細を訊くのを忘れていた。普段、あまり他の社員達と交流がないことも災いした。

そう言えば、あの派遣社員だけは度々部署に顔を出していたから覚えていたのだ。今思えば、何度か会話をしたこともあった。社交辞令で声を掛けてくれていたのだろうが、確か自分の趣味について何度か訊かれたことがあった。

「ねえ、伴坂さん。本当に何も知らないの？」

あの子にアドバイスしてあげていたじゃない。

そう言って、同僚はおかしそうに笑った。

どうも、その派遣社員は、「彼氏」と近々、亜熱帯地域にある離島で結婚式をすること、そして、そのまま移住をするのだと吹聴していたらしい。

会社の資材を横領した罪状で警察に追われた二人だったが、その離島に渡ったところで、ぷっつりと消息が分からなくなってしまったそうだ。

「あの子、『伴坂さんが勧めてくれた島だ』って言っていたけど」

同僚の言葉に、曖昧だった当時の記憶がはっきりしてきた。

確か、彼女から新婚旅行にお薦めの場所を訊ねられたのだった。自然が多く、のんびりできる場所。

ふと、あの日の夜に聞いた彼女の断末魔が蘇る。

伴坂さんはその後、何度か例の離島を訪れたものの、前部長と派遣社員の消息は分かっていない。そして、あの巨大な黒い猿の正体についても、現状誰も知らないのだという。

# 供養

「嫁姑の喧嘩みたいな話でお恥ずかしいんですが――」

　取材のため足を運んだ筆者の前で小さくなっているのは、荒木さんという年配の女性だった。彼女は北関東の里山で、息子の聡さんと二人で生活しているという。

「二人でお暮らしとのことですが、息子さんにはお嫁さんがいらっしゃるんですよね」

　私のその質問に、彼女は無言で頷いた。

「もう十年にもなりますかねぇ――」

　荒木さんはそう前置きをし、当時のことを教えてくれた。


　代々家業として葉物の栽培をしていた。しかし夫を亡くしてからというもの、作付けから出荷作業まで一人の手で行うことになり、流石に手が回らなくなっていた。

　そんな折、上京していた長男の聡さんが整理解雇に遭って、Uターン就農してくれるという。おかげで滞っていた事業が何とか持ち直した。

　聡さんも都会の人間関係に疲れて塞ぎがちになっていたが、長閑(のどか)で面倒のない実家の空気に触れ、かなり元気を取り戻すことができた。

そんな一見順風満帆に見える生活にも、荒木さんには一つ、大きな悩みの種があった。それが、聡さんの妻である由美さんの存在だった。

彼女は東京生まれ東京育ちという生粋の都会っ子で、Uターン就農する聡さんについてきたため、必然的に荒木さんとの同居が始まった。ただ、田舎へ引っ越すことへの抵抗を微塵も見せないどころか、農作業への協力まで申し出てくれた由美さんの姿に、荒木さんは涙を流して喜んだという。

元々由美さんはオーガニック化粧品の販売促進の仕事をしていたため、自然に囲まれた生活に憧れがあった。二人の間に子供はなかったが、もし授かることができたならば田舎で土に触れさせながら伸び伸びと成長させたい。そんな夢を、由美さんは常々語っていた。

しかし、そんな憧れからスタートした田舎生活は、一カ月も経たないうちに不満が噴出するようになってしまった。

何せ、集落には若い世代が殆どいない。それどころか、荒木さんを除けば六十代以下の人がいない。また日々の買い物ですら、集落内に週三回やってくる移動式スーパーマーケットに頼るしかない状況だった。

下着一枚買うためにも、車で二時間掛けて麓の大きな街へと出る必要がある。加えて、見たことのない虫が室内を闊歩しており、由美さんは殺虫剤片手に半狂乱で家中を走り回るのが日課となっていた。

田舎暮らしの多少の不便さは覚悟の上でついてきたものの、募る不満や孤独が、由美さんの性格をどんどんキツいものに変えていった。

そんな暮らしの中、彼女の黒い感情の捌け口となったのが、荒木さん、聡さん親子だった。強権的だった荒木さんの夫の影響で、二人は強い物言いにはとことん弱腰だった。だからこそ、都会育ちで華があり、また弁も立つ由美さんの言うがままになっていた。

由美さんも由美さんで、東京を離れる際、都会の窮屈な生活に比べ、いかに田舎暮らしが充実しているかを当時流行していたブログで散々に喧伝していた。

元々の勝ち気な性格が災いして、どうしても「都落ち」だとは思わせたくなかったのだろう。

優しいが物知らずで愚鈍な姑。穏やかで妻を愛するが故に何でも我が儘を聞いてくれる夫。賢く美しく、未開の田舎に革新を呼び込む天真爛漫な妻——。

元同僚や友人と繋がっているブログには、そんなファンタジーが書き散らかされていた。

「たまたま家族共有のパソコンで、ブログが開きっぱなしになっているのを目にしたんですけど……その、何というか出鱈目でしてね。嫁がここまで追い詰められていたんだって、姑として気遣いが足りていなかったというか――」

荒木さんはその内容に深く心を痛めた。

実際、由美さんは日々のストレスから買い物依存症のような行動を繰り返していた。

聡さんが会社を辞めた際の退職金で購入した真っ赤な車に乗り、毎日のように往復五時間も掛けて、麓の大きな街へと繰り出していく。

田舎の大きな家には幾つもの空いている部屋があった。その二室を由美さんの私物が占拠しているが、その大半は買ったまま未開封で放置されている。

買い物代にガソリン代、高速代だって馬鹿にならない。次第に貯金は底を尽き、遂には幾つかの山を売ることとなった。

しかし田舎に引っ越させたという負い目や由美さんの気の強さに抗えず、荒木さんも聡さんも、由美さんの蛮行に目を瞑るしかなかった。

ある夜のことだった。

いつものように買い物から帰ってきた由美さんの様子がどうにもおかしいことに、荒木さんは気が付いた。真っ青な顔で夕飯にも手を付けず、由美さん自身の寝室へと引き篭もってしまった。時折、電話で話すような声も聞こえてくるが、内容までは分からない。

「由美さん、何かあったの？」

「お義母さんは黙っていてください！」

心配した荒木さんが声を掛けるも、殆ど絶叫するような声量でピシャリと跳ね除けられてしまった。

こんな日に限って、聡さんは同窓会で不在だった。由美さんが帰ってきてからもう二時間は経つ。だが一向に姿を見せない。

一体何があったのだろうとヤキモキし、もう一度声を掛けようかそう思ったときだった。突如、襖がスッと開き、中から泣き腫らした顔をした由美さんが現れた。

「お義母さん、私、子供を轢いちゃったかもしれません」

それだけ言うと、由美さんは顔を覆ってしゃくりあげ始めた。

「子供を轢いたって、まさか、交通事故を起こしたってこと？」

頷く由美さんに、荒木さんは全身の血の気が引いていくのを感じた。

由美さんの説明によると、彼女は車で帰る途中、いつものように大音量で音楽を掛けていたそうだ。飲み物を取ろうと目を離した瞬間、目の前を小さな影が横切った。

一瞬の出来事だった。鈍い音がした後、ゴロゴロと小さい身体が路上を転がっていくのを由美さんは見た。

確かに目撃はした。だが彼女は、そのまま運転席から降りもせず、確認すらせずに逃げ帰ってきたのだという。

とんでもない話だ。

由美さんの話を聞いて、荒木さんは改めて気が遠くなった。

渋る彼女を引っ張って、表に駐めてある車を確認する。

確かにフロントバンパーがべっこりと凹み、更には血が付いている。

流石に荒木さんも努めて冷静に警察への連絡を促したのだが、由美さんは頑として動かない。それどころか、荒木さんに現場を確認してきてほしいと頼むのだ。

時刻は、午後十時を回ったところだった。由美さんの話が本当ならば、事故から三時間近くは経っている。夏の盛りで寒さこそないものの、この血の付き具合から見て、事故当時は生きていたとしても、今の段階では最悪の状況になっている可能性が高い。

頑なに動こうとしない由美さんをその場に置いて、荒木さんは由美さんの車で事故現場へと急いだ。

自宅から車で走ること十五分。由美さんが目印だと言っていた道路補修工事の看板が見えてきた。その陰から、子供が飛び出してきたのだという。

車を降りて辺りを見回す。すると道路工事で使われている鉄板の上に、黒い影が横たわっていた。これに違いない。

慌てて駆け寄る。思わず両手を伸ばしかけて、ギョッとした。一見すると確かに子供のように見えたが、荒い息を吐いているのは大きなオスの猿だった。

猿は荒木さんに気付くと、身を絞るような声で威嚇した。

頭部は無事のようだが、身体のほうはぐんにゃりとおかしな方向へと曲がっている。あのバンパーの凹みようだ。スピードを出していた由美さんの車に、凄い勢いで跳ね飛ばされたことが想像できる。鉄板の上には黒々と血が広がっている。遅かれ早かれ、死んでしまうはずだ。

荒木さんは慌てて車に飛び乗り、家に蜻蛉(とんぼ)返りした。

リビングで震えている由美さんに、荒木さんは自身が見たものを伝えた。途端、由美さんは笑顔で崩れ落ちたという。

「猿？　本当に猿なんですか？　良かった。人じゃないんですね」

保険で車直せるかしら。そんなことを心配し始める由美さんの姿に、荒木さんは顔を顰めた。

「良かっただなんて、とんでもない。この地域では、猿は祟ると有名なの」

「猿なんて害獣でしょう」

馬鹿みたい。そうせせら笑う由美さんの肩を、荒木さんはグッと掴んだ。

「あなたね。野性の動物は怖いのよ。いつも獣は匂いを追いかけてくるの。死ぬ間際なんか本当に恨んで恨んで、由美さんを追っかけてくるわよ。無駄に苦しめるんじゃない。ちゃんと止め刺しをして、弔ってあげるのが人としての筋でしょう」

必死な様子の荒木さんが余程おかしいのか、由美さんは高笑いする。

「お義母さん。私、昔話を聞いている暇ないんですよ」

そう言って、さっさと携帯を握って風呂に入ってしまった。

翌朝、珍しく由美さんは外出をしなかった。

自身が轢いてしまった猿の姿を見たくないことと、夜遅くまで長電話していたことが要因のようだ。聡さんはまだ戻っていない。荒木さんは由美さんが二度寝をしていることを確認すると、こっそり車のキーを手に取った。

向かった先は、昨晩訪れた事故現場だった。どうしても、猿の様子が気になって仕方なかった。明るくなってから確認すれば、由美さんがどれだけスピードを出していたのか、手に取るように分かる。アスファルトにはくっきりと黒いタイヤ跡が残っており、乾いた血の痕跡も見てとれた。

肝腎の猿は、確かに、昨晩見たところと同じ場所に伏していた。可哀想に。荒木さんの心に、グッと同情心と罪悪感が押し寄せる。猿はもう、事切れてしまったのだろうか。そう思って近付いていくと、何だか妙なことに気が付いた。猿から黒い糸のようなものが一本、茂みに向かって伸びているのだ。何だろう。更に近付き、絶句した。

黒々とした無数の小さい蟻が、列を作って猿の肉を食(は)んでいるのだ。よく見れば、猿の身体が小刻みに上下している。昨晩瀕死だったにも拘らず、猿はまだ辛うじて生きていたのだ。猿は自らの身体が生きながら喰われていく様を、呆然と見つめていた。

突如、猿の目がギョロリと荒木さんのほうへ向いた。明らかに、怒りと恨みを込めた目だった。思わずギャッと叫んだ荒木さんは慌てて車に戻り、取ってきた膝掛けで猿を覆うと、その四隅を石で押さえた。どうか、どうか恨まないでほしい。そう何度も願いながら手を合わせた。

猿の様子を襖越しに由美さんに伝えたところ、恐らく布団の中から鼻で笑う声が返ってきた。

「お義母さんが猿にくれてやったストール、六万円もするんですよ。本当に猿がお好きなんですね」

そう憎々しげに応える由美さんに対して、荒木さんは「一緒に手を合わせに行こう」とは到底言うことができなかったそうだ。


翌日も、その翌日も、荒木さんは事故現場を訪れていた。

どうしても、あの恨みのこもった目が忘れられなかったのだ。

どうにか許してほしい。そういった思いを込めながら、飲みさしのお茶や、家に飾っていた花、お菓子などを供え続けていた。古い服を切って、お菓子を巾着のように包んでお供えをする。そうしておけば、あの猿を食んでいた蟻も寄り付きにくいだろう。

勿論、そのまま放置してしまえば他の野生動物も誘引してしまうので、お供えしたお菓子は半日後にはきちんと持ち帰ることを忘れなかった。

その頃からだろうか。由美さんの様子が徐々におかしくなっていたのだという。

暑い盛りだというのに、ぴっちりと肌を隠すような服を着用するようになった。異様なほどの量のお香を焚くようになった。何かの物音や気配に敏感になり、いつにも増して神経が尖るようになった。

一つ一つは小さな変化だったが、どうにも不穏な気配に、荒木さんも聡さんも気味が悪くて深く追及することができなかった。相変わらず、由美さんはフロントが凹んだ車を運転し、麓へ下りていく習慣だけは続けていた。

しかし、次第に荒木さんや聡さんも、妙な気配が家中に満ち始めていることに気付いていった。ハイハイをする赤ちゃんのような影が彷徨いている。繁殖期の獣のような臭いが満ちている。

聡さんは不思議がっていたが、荒木さんには思い当たることがあった。これは明らかに猿の呪いである、と。

そう思い至った瞬間、由美さんの部屋へと走り出していた。声も掛けぬまま襖を開け、ちょうど外出支度を終えたばかりの由美さんを揺さぶった。

「あなたが猿をきちんと殺さなかったから、猿を余計に苦しめたから、復讐に来たのよ」

今からでも、きちんと反省して謝りに行きなさい。そう言い切る前に、由美さんはハンドバッグを叩きつけ、般若の形相で唸り声を上げた。

「あああああ、もう！　何、何、何なの？　私が悪いの？　猿が何？　呪いが何？　頭がおかしいんじゃないの。こんなクソ田舎、もう耐えられない！」

そう叫んで荒木さんを突き飛ばすと、由美さんは車に飛び乗り猛スピードで走っていってしまった。

嫁姑争いには我関せずとばかりに傍観しているだけだった聡さんも、流石に由美さんの豹変具合には驚いたらしい。大慌てで由美さんを連れ戻そうと外に出る準備をしていたところ、ものの五分もしないうちに由美さんが戻ってきた。

ひとまずは良かった。安心する聡さんの姿を見て、荒木さんも言い過ぎたことを謝罪しようと由美さんに近付く。

「何か、轢いてしまったんです」

無表情でそう言う由美さんに、荒木さんはギョッとして立ち止まった。

「今までも、何度も轢いてしまっていたんです」

その日から、由美さんは家を出なくなってしまった。

日がな一日部屋に引き篭もって、ずっと何かを咀嚼する音が聞こえてくる。そうかと思えば、叫び声や哀願する声、許しを請うような言葉も聞こえる。あんなに綺麗好きだった由美さんは、風呂にもトイレにすらも出てこず、ずっと何かの気配に怯えていた。

もう既に、家族で解決できる範疇を超えていた。

しかし、荒木さんは由美さんに命令されるがままに、お菓子やお茶を襖の前に置くことで、あとは放置していた。最早、誰もが思考するのをやめていた。いつかきっと元通りになる。そう期待するばかりだった。

荒木さんはその頃、ロードキルされた動物に対して、片っ端から菓子や飲み物を供えて回っていた。きっと由美さんが殺した数多の動物達が、自分達へ禍を振り撒いているのだろうと、そう信じていた。

許してください。許してください。

ひたすら、懇願し続けた。


そんな崩壊寸前の日々が続いた、ある夜のことだった。

獣の咆哮のような叫び声を耳にし、荒木さんも聡さんも飛び起きた。

大慌てで寝所を飛び出せば、廊下で肌色の何かが暴れ回っている。全裸の由美さんだった。

所構わず暴れるせいで、ガラスが粉々に砕け散った。何かを振り払うかのように、由美さんが再び腕を振り乱す。このままでは大怪我に繋がりかねない。必死の思いで由美さんを抑えつけようとするも、聡さんや荒木さんを跳ね除け、由美さんは全身を掻き毟りながら身悶える。

「痒い、痒い、痒い！　虫が、虫が身体を噛んでくるの！」

よくよく見れば、暫く見ないうちに全身を掻き毟ったのか、黒い瘡蓋（かさぶた）だらけになっている。月明かりに照らされて苦痛に悶える由美さんの姿は、まるで無数の蟻に集られているようで、荒木さんは恐怖のあまり絶叫した。

結局、由美さんは精神に変調を来したため、相応の病院へ入院することになった。

あの夜から十年近く経った今でも由美さんは回復へ向かうどころか、虫に集られる妄想がより強固となり、もう取り返しの付かないところまで来てしまっているという。

「野生動物は、それも特に猿は祟るからね。匂いを覚えて、何処までもつけまわしてくるでしょう。由美さん、酷いことしたならきちんと反省して謝らなきゃいけなかったのよ、あの人、そういう気持ちを持っていない人だから」

だから、祟られたんだ——そう言って、荒木さんは回想を終えた。

——告白じみた荒木さんの話を聞きながら、筆者は妙な違和感を覚えていた。

由美さんは最初に車で猿を撥ねた際、車から降りずに逃げていったのではなかったか。

それでは、何処で猿は由美さんの匂いを覚えたのだろう。いや、誰が猿に匂いを覚えさせたのだろう。部屋から出ない由美さんは、一体何を食わされていたのだろう。

全ては想像の域を出ない。ただ確かなことは、今でも荒木さんが野生動物の供養を続けているということだ。

家に山のようにある「襤褸布」を裂いて、死にゆく動物達の身体へそっと掛けてやっているのだという。

# 赤い男

岸田さんという猟師の方から伺った話だ。

ある日、岸田さんが罠の手入れをしていたところ、山向こうに住んでいる八尋さんが訪ねてきた。八尋さんは狩猟歴五十年の大ベテランであり、その技術や狩猟対象を追い詰める戦略、足跡や痕跡を辿るトラッキングも右に出る者がいない腕前である。

長年、山の動物達と命の張り合いを続けてきたということもあって、八尋さんは大変剛毅な性格をしている。しかし、何故かその日は真っ青な顔でブルブルと震えていた。

「いきなりすまん。俺はもう山を下りる。今日はそれを伝えに来た」

その言葉に、岸田さんは思わず罠を取り落としそうになった。生涯現役を謳(うた)っていた八尋さんが猟師を辞めるだなんて。何かの冗談かと思ったが、どうも鬼気迫る雰囲気に、言葉を飲み込んだ。

「もう、俺の山では獣は獲れんのじゃ」

「取りあえず、取りあえず、座りましょう。ね、八尋さん」

堰(せき)を切ったように語り出す八尋さんに、漸く岸田さんは我に返って縁側を勧めた。

「何があったんですか、一体」

岸田さんがそう訊ねるも、余程恐ろしい目に遭ったのか、八尋さんは何度も口を開きかけては黙り込んでしまう。猟師の中でも饒舌なほうなのに、こんなに言葉に詰まる八尋さんの姿を岸田さんは見たことがなかった。

結局、三十分ほど黙り込んで思案していたものの、何か考えが纏まったのだろう。

「嘘だの夢だのって言うのは、やめてくれ」

そう前置きをした上で、三日前の出来事を語り出した。

前述した通り、八尋さんは長年、専業の猟師として働いている。

所謂ジビエ肉や鞣した皮革の販売、有害鳥獣捕獲の報奨金で生計を立てている。更には猟犬の育成にも力を入れていた。昔から、「一犬、二脚、三鉄砲」という言葉がある。これは、良い猟を行うために必要なものの優先順位である。

猟犬には獣を探し出し、追い出し、足止めし、最後には獲物を襲ったり回収したりするなど、多様な役割がある。強い個体を掛け合わせて生まれた犬を、更に強く鍛え、躾けていくことを八尋さんは得意としていた。

狩猟スタイルも、複数匹の猟犬を使った忍び猟が主流である。まさに昔の言葉にある通り、自身が育てた犬と健脚、そして猟銃が彼の武器だった。

八尋さんには、狩猟の際に必ず行っている習慣がある。山の入り口にある山神様の祠に日本酒を一杯供えることだ。これは山の恵みに感謝する意味合いと、狩猟中の安全を願ってのことである。祠自体は代々集落全体で管理していたものだったが、今では人口減少で住んでいる人も疎らである。先祖代々守ってきたものでもあるからと、八尋さんはその祠を一人きりで管理していた。

だからその日も、八尋さんはいつものように祠に日本酒を供え、念入りに猟の安全を祈願した後、猟犬数匹を従えて山に入った。

犬を放し、八尋さんは暫し待ちの姿勢に入る。

山の中は静かだから、犬の声がよく響く。よく訓練された猟犬達だからこそ、無駄な動きはしないという信頼がある。八尋さんが狙っているのはイノシシだ。秋と冬の狭間の時季は、山の幸をたらふく食べて脂乗りが良い。

ところが、その日はいつまで経っても猟犬達のアクションがなかった。

普段なら獲物を見つけた吠え声が聞こえてくるか、さもなければ捜索を中断して八尋さんの元へ戻ってくることもあったが、一匹も姿を見せない。

何かあったのだろうか。

猟犬達には、彼らの居場所が分かるように発信機が付けられている。レーダーで大体の方向を確認すると、どうも、全ての猟犬が同じ場所にいるようだ。

獲物を見つけたのだろうか。

位置的には、八尋さんの現在地より二キロメートルほど先だった。

そう遠くに行った訳ではない。何かあったのかもしれない。じわっと嫌な汗をかいた。

慌てて猟犬のいるほうへ駆け出していく。山のことは全て分かる。五十年間、歩きつくした山だ。

以前、猟犬が大イノシシとの格闘の末に惨殺されたことがあった。

我が子のように可愛がっている犬達の身が、ただただ心配だった。

三十分くらい急いだだろうか。レーダーが示す位置が近くなってきた。

水の匂いがする。

沢の近くに来たようだった。もしかしたら、水を求めた際に足場が崩れてしまったのかもしれない。嫌な想像ばかり広がっていく。

焦る気持ちを抱きながら、不安定な岩場を駆け上がっていく。

すると、三十メートル先に白いものが横たわっているのが目に入った。

一番若い猟犬のユキだ。その先にも一頭、更にもう一頭。半径十メートル以内に、全ての犬が伏せた状態で集まっていた。

まさか、怪我でもしているのだろうか。

慌てて駆け寄ってみるが、身体に傷はないようだ。ただ小刻みに震えながら、暑い訳でもないのに荒い息を吐き続けている。こんなことは初めてだった。

取りあえず、その場から引っ張り起こそうとしてみるも、梃子(てこ)でも動こうとしない。とは言っても、このままここにいさせる訳にもいかない。

どうにか身体を持ち上げようとしたときだった。

風に乗って、腐った内臓のような臭気が漂ってきた。

思わず、胃から酸っぱいものが込みあがってくる。同時に、まるで身体を貫くような不快感と悪寒が、足の底から這い上がってきた。

何かいる。

沢の上の崖のところに、何かが立っている。

見たくない。そう思っていても、自然と視線がそちらのほうへ向いてしまう。

何と形容したら良いのだろうか。崖の上には、全身真っ赤な人間がこちらを見下ろしていた。一切体毛が見られない全裸の大男。まるで鮮血を頭からかぶったかのように、ヌラヌラと光っている。

男は、八尋さんの全身を舐め回すように見遣ると、満面の笑みを浮かべた。

「何だ。うちの犬に何したんだ、お前は」

異様な雰囲気に耐え切れず、八尋さんは叫んだ。この男が、大事な猟犬達に何かしたに違いない。毒餌でも撒いたのだろう。恐怖よりも、怒りが先行した。

「うぉー、か、しい、なぁ」

やけに甲高い、耳障りな声がした。一瞬、その声の出所が分からなかった。

「うぉー、か、しい、なぁ。うぉー、か、しい、なぁ」

おかしいな。

間延びした声で、そう繰り返しているように聞こえた。

何がおかしいのか。犬達のこの状況を嘲笑っているのだろうか。それとも、やはりこいつが犬達に何かしたのか。

八尋さんは怒りと屈辱で頭の中がぐわんぐわんと揺れるようだった。

男の声が響く度に、目の前で伏せている犬達の震えが大きくなる。

ヒイイイイイイ！

猟犬のユキが、一際大きな悲鳴を上げる。白い泡が口角に溜まっている。

怯えている。

遅まきながら、猟犬達が動けない理由が理解できた。

怪我でも毒でもない。少しでもこの場から動いた瞬間、何かよく分からないものに「食われる」恐怖が支配していた。

八尋さんよりも先に、猟犬達はその根源的な恐ろしさに気付いたのだろう。

兎に角、一刻も早くこの場から立ち去らなくてはならない。

身体に力が入らない。蹲ったまま立ち上がることができず、遂には地面に伏してしまった。兎に角、逃げなくては。どうにか腹這いのまま方向転換をする。途端、射るような視線が背中に突き刺さった。

食われる。

そう思った瞬間、まるで電源が切れるように意識が途切れた。

八尋さんは、ぼんやりと山道を歩いていた。

木々の隙間からは、真っ赤な夕焼けが見える。暮れなずむ山中を、奥へ奥へ、ただ淡々と歩いていく。

自分の前に、何かが歩いているのが見える。黒い岩のような体躯。熊だ。その先には数頭のイノシシと、シカの姿もある。背後からも枯れ葉を踏む音が聞こえる。すぐ後ろには猟犬のユキが、更には共に山に入った犬達も連なっている。更に後ろには、アナグマやタヌキが続いている。

皆、暗闇に向かって歩いていく。項垂(うなだ)れながら、歩いていく。

ふと、この列が何の目的であるか思い至った。これは葬列だ。野辺送りだ。何か、この山の何かが死んだのだ。自分達は、それを弔っているに違いない。

そう思った瞬間、肩を思い切り何かに掴まれ、元来た道へと引っ張り戻される。

「やめろ、やめろ。俺も行かせてくれ!」

そう必死に叫んで抵抗するも、凄い速さで身体が引き戻されていく。

目が覚めると、八尋さんは麓が見えるところで倒れていた。

身体中に何かの血がべっとり付着しているが、自身の出血は特にない。ただ、全身が軋むように痛かった。酷い頭痛と吐き気が込み上げ、その場で嘔吐した。

仰向けになって寝転がる。星空が見える。立ち上がる元気は残っていない。

幸い、猟銃はしっかりと抱えていたが、山刀や犬用レーダーは何処かに落としてしまったようだった。

山に入ったのは、確かに午前中だった。

どうやってここまで戻ってきたのか、今の今まで何をしていたのか、まるで頭に霞みが掛かったように思い出すことができない。

ただ一つ、先ほどまで見ていた夢の内容だけは、はっきりと覚えていた。

結局、猟犬は一匹も戻らなかった。

我が子のように育てた犬達だ。どうにか遺体だけでも取り戻したいと、翌日には山の中に入ったが、その先に足が動かなかった。見知ったはずの山のはずなのに、まるでたった数時間で全て書き換えられてしまったかのように、強烈な違和感を覚えた。

せめて、山神様を祀るお社のところまで行こう。

全身に纏わりつく不快感に蓋をしながら、通常の数倍の時間を掛けて歩いた。

辿り着いた先、山神様のお社はぺっちゃんこに潰れていた。

まるで、上から踏みつけたみたいな潰れ方だった。

そこで、心が折れてしまったんだ。そう言って、八尋さんは肩を落とした。

狩猟を諦めた原因は、さっぱり動物の姿を見かけなくなってしまったという理由もある。

まるで全く知らない場所になってしまったかのように、活気のある雰囲気が山からは感じられない。山そのものが、動物達とともに心中してしまったような気配すら感じられたのだという。

思えば、山に入る直前、湖の向こうへ熊が三頭泳いでいくのを見たのが最後だった。

「熊が泳いで逃げてったんだぞ。熊ですら怖がる何かが、あの山にやってきたんだろうな」

結局、八尋さんは自身が持つ狩猟の道具の一切を譲った後、山を下りてしまった。

岸田さんがこの話を集落の寄り合いで話していたところ、奇妙な噂が飛び込んできた。

八尋さんが狩猟をしていた場所から二つ先にある山が、とある海外の企業に買われてしまったという話だった。

ダンプカーが何台も出入りしているのを見たという人はいるものの、山を崩したり、何かを建てたりした気配もないという。

何か、違法な廃棄物を埋めたのではないかと言われているが、定かではない。

通常、何某かの情報が地元の企業に流れてくるものの、誰一人、情報をも知らない。

ただ、どうも出入りしていたのが日本人ではないのだけは確かなようだった。

奇妙な符合は、もう一つあった。

岸田さんがこの話を寄り合いでした際に、配偶者が中国出身という方がいた。

「その男が言った言葉、『おかしいな』ではないんじゃないか。もしかして、ウォーヘンカイシンアー（我很开心啊）、『嬉しいな』と言っていたんじゃないか」

そう指摘されたそうだ。

以上、ここまでが岸田さんから伺った話である。


実は以前、この話を「日台怪談ナイト」という日本と台湾の怪談ファン達が集い、互いに怪談を楽しむオンラインイベントでお話しさせていただいたことがある。

そこで台湾側のホストである台湾怪談作家のナオキさんが、PTTという台湾のインターネット掲示板で、この「赤い男」の話を翻訳・御紹介くださり、台湾の方々から伺った考察を纏めていただいたことがあった。

その上で、ナオキさんから頂いた情報・考察をここで紹介したい。


中国では古来より「神への供物」として生贄が捧げられたという話が多く、古くは『史書』にもその記述がある。また春秋戦国時代の魏（ぎ）の政治家、西門豹（せいもんひょう）は川の神への人身御供（ひとみごくう）を廃止させた名君としてのエピソードが史実として残っている。

また晋の葛洪による道家書『抱朴子』には、仙術の一つである「神や妖怪を操る手法」として、動物の血を媒介にすることが最も効果的な方法であるとの記載がある。この書の記述自体が日本における犬神使いの縁起となったのではないかという指摘もあり、彼の地に新たな神を呼び出すという見方をすれば、看過できない合致点があるようにも思える。

また、同じくナオキさんから御指摘いただいたのが「硫化水素中毒」の可能性である。折しも「日台怪談ナイト」でこの怪談をお話しさせていただいた翌月、栃木県那須町にある「殺生石」でイノシシ八頭の死骸が発見されたという事件が大きく取り沙汰された。

これを踏まえた上で、ナオキさんから頂戴したメッセージを一部引用したい。


【八尋さんが嗅いだ腐った内臓のような臭気は硫化水素の特徴であること、硫化水素自体が空気より一・九倍重く、下に溜まりやすい特徴も、赤い人と猟犬・八尋さんが出会った当時の地勢の高低差から中毒症状に陥りやすい状況下だったことは分かります。

硫化水素が一定濃度を超えたら、まずは嗅覚神経を麻痺させ、異常な速度で回ります。

八尋さんが脱力状態になったこと、続いて幻覚を見ただけでなく、方向感覚までも失ったこと。多少の違いがあれど、硫化水素の急性中毒症状における「せん妄」と一緒です。

（中略）

要するに、八尋さんが愛する山が中国人投資者に買収されたことには納得できないものの、村全体の利益を考えれば沈黙せざるを得なかった。たまたま山で（遭遇した）硫化水素中毒で脳の潜在意識が働き、中国語を喋っている外来神の幻覚を見せたのではないでしょうか】

（以上引用）

いずれも大変鋭く、そして興味深い解釈や御指摘だと考え、紹介させていただいた次第である。怪談そのものに科学的な裏付けが伴う例は多くないが、今回の場合は、更なる検証の余地があるのではないだろうか。

最後に、本件と関係あるかは分からないが、岸田さんがこの話を教えてくれた後、件の山がある地域で大規模な崩落事故が起きた。更に、その後は山自体が大規模な開発の憂き目に遭い、今では見る影もないとのことだ。

今後、この場所が元の姿を取り戻す機会は永遠に訪れることがないのかもしれない。

# 飛び石

長く狩猟をされている前田さんという方に聞いた話だ。

前田さんには、もう鬼籍に入られた武藤さんという師匠がいた。まだ前田さんが少年だった頃から、山での立ち居振る舞いや、狩猟に関する心構え、フィールドサインの見付け方や猟の技法まで、あらゆることを懇切丁寧に教えてくれた。武藤さんは生涯独身で子供がいなかったため、前田さんを特別可愛がってくれたのだろう。そんな武藤さんが常々言っていたことの中で、特に印象深かったのが、猿の取り扱いについてだった。

「いいか。お前が猿を獲るときは、特別丁寧に扱うんだ。俺は良いが、お前は駄目だ。俺みたいに粗雑な扱い方をしていると、猿に祟られるからな」

祟られるとは、また随分物騒な話である。

「武藤さんは祟られているんですか」

前田さんがそう訊ねると、武藤さんはいつも曖昧に笑って回答を濁した。

しかし共に出猟して三十年、ある土砂降りの日のことだ。猟の途中で引き返して武藤さんの家で杯を交わしているとき、何の気なしに武藤さんが猿の話を始めた。

武藤さんが狩猟を始めたのは、彼の父親の影響が大きい。

父親も猿撃ちの名手で、一人で山に入っては猿を持ち帰ることが多かったそうだ。今でこそ猿の狩猟は理由がなければ禁止されているものの、武藤さんが幼い時分は現金収入が欲しい場合は猿に頼った。猿の毛皮や肉は重宝されないものの、厩（うまや）に置く魔除けのための頭骨や、薬用として頭の黒焼きや胆、胎児などが高く売れたらしい。また子猿が生け捕りにできた際には、芸人に売ったりもしていた。

猿は遥か昔から「祟る」存在として悪名高いため、武藤さんの郷里でも積極的に獲りたがる猟師は皆無に等しかった。故に、武藤さんの父親がその利益を半ば寡占しており、集落の中では経済的にもかなり潤っていた。天候の関係で食糧が圧倒的に不足した時季であっても、武藤さんが飢えた記憶がないというのだから相当なものだ。

ただ一方で、武藤さん自身はかなり寂しい子供時代を過ごすこととなる。

武藤さんの母親は、彼を産んだ際に産後の肥立ちが悪く、早逝していた。そのため、父と三つ上の兄である正一さんと武藤さんの三人暮らしだった。

集落では忌まれている猿猟を行っていることに加え、裕福であることへのやっかみも重なり、一緒に遊んでくれる子供は一人もいなかった。仕方なく、兄弟二人だけで時間を潰すことも多かったという。

しかし、武藤さん兄弟には集落の子供達が知らない、とっておきの遊び場があった。家の傍を流れる川の向こう側にある空き地だ。向こう岸は鬱蒼とした山が迫り出しているのに、そこだけまるで刈り取られたように木々がなく、今風に言えばプライベートビーチのようだった。そこでチャンバラごっこをしたり、捕まえたウシガエルを目掛けて手作りの弓矢を飛ばしたりと、人目を憚るような遊びも大いにできた。

ただこの空き地へ行くには、川を渡る必要がある。勿論、そんなところへ橋は架かっていなかったが、武藤さん達は川面から突出している岩を飛び石のように利用して、向こう岸へと渡っていたそうだ。これは晴れていて水量が少ないときにしかできない芸当だ。父親は常々危険だから止めるように息子達に言い聞かせていたが、所詮滑り落ちたところで、流れは急だがそう深い川ではない。水量が多い日には飛び石も沈んでいるから、自ずと危険を避けることもできる。父親には内緒で、二人は飛び石を使うことを止めなかった。

武藤さん達が集落の子供に疎外されていることに、父親は薄々気が付いていたようだ。

二人を哀れんだのか、いつだったか父親が気まぐれに子猿を与えたことがあった。おとり猟で使用するために生け捕りにしていた個体なのか、片腕がなく、酷く怯えた目をしていた。武藤さんは哀れに思い子猿を弟のように可愛がっていたが、正一さんは違った。木で床を打つ音だけでも取り乱し、大きな鳴き声を上げる子猿の存在が面白かったのだろう。

まるで自身が疎外された鬱憤を晴らすかのように、子猿虐めは加速していった。特に、雨が降った日やその翌日は、例の空き地に行くことができないため、苛々が増すようだ。

震える子猿を前にしても、身体も大きく粗暴な兄を止めることができなかった。

正一さんは子猿を虐める際、必ず川岸に連れていった。


山の中では群れで生きる動物は多々いるが、猿ほど協力社会を築いている集団はいない。明確に鳴き声でコミュニケーションを取っており、とりわけ子猿の悲鳴や助けを呼ぶ声には敏感に反応する。まるで本能に組み込まれているかのように、悲鳴の方向へ向かって駆け出していくのだ。

正一さんは猿のそんな習性を知っていたのだろうか。悲鳴を上げる子猿を助けに猿が現れるも、目の前には激しくうねる増水した川が横切っている。対岸でもどかしそうにキイキイと鳴き声を上げる成体の猿を見て、正一さんはケラケラ笑っていた。

一度、増水した川をものともせずに、一匹の猿が飛び出していったことがある。勿論、猿の小さな身体では泳ぐこともままならず、あっという間に波間に姿が消えた。

乳房の大きな猿だった。

あれは、子猿の母親だったのではないだろうか。

武藤さんはそう考え、ひっそりと涙したという。

ある夏の日のことだった。

朝、いつものように野菜屑を子猿へ与えようと納屋の扉を開けたところ、子猿が血の混じった泡を吹いて事切れていた。流石にこれには正一さんも罪悪感を覚えたのだろう。朝食を終えて父親が山仕事へ出たのを見計らい、武藤さんをこっそりと呼び付けた。

「よう。おっとうがいない間に、子猿を空き地へ埋めに行こう」

武藤さんの父親は、かなり厳しい人だった。獣の命がどうというよりは、与えたものを早々に壊してしまったことを叱られると考えたのだ。

子猿を人目の付かないところに埋めて、父親には「逃げた」と伝えれば良い。

子供の浅知恵ではあるものの、二人は早速襤褸切れに猿を包んで家を後にした。

前日に雨が降った影響か、いつになく川は荒れているようだった。

いっそのこと、この川に放り込んでしまえば良いのではないかと思ったが、下流で見つかるのが関の山だと思い直す。

この様子だと飛び石は沈んでいるのではないかと思いきや、しっかりと道筋を示している。しかし飛び石を目にした際、武藤さんは奇妙なことに気付いていた。

飛び石が、白いのだ。

いつも踏んでいるものは黒い岩石であるのに対し、その日の飛び石は反対の色をしている。何だか、嫌な予感がした。

「何をしているんだ。さっさと渡ってこい」

武藤さんが逡巡している間に、子猿の死骸を抱えた兄はさっさと飛び石を渡り始めていた。今日の兄は機嫌が悪い。子猿の代わりに自分が虐められるかもしれない。

慌てて飛び石へ足を掛けようとした、まさにそのときだった。

どぷん。

鈍い水音がして、目の前の飛び石が水中へと没した。

どぷん。どぷん。

呆気に取られている間にも、次々と飛び石が水没していく。

「兄さん、飛び石が！」

ギョッとした顔で振り返る正一さんだったが、次の瞬間にはもう荒れ狂う川に身が呑まれていた。一瞬の出来事だった。

大泣きしながら集落の戸を叩き、兄が川に流された旨を伝えたが、全ては後の祭りだった。増水した川では捜索もままならない。

翌日、正一さんの亡骸は遥か下流の滝壺で見つかった。

滝の水流でクルクルと回る姿は、まるで宙返り芸をする猿のようだったと、口さがない者は噂した。正一さんの奇妙な事故死は、武藤さんの父親を随分憔悴させた。

それは、正一さんの野辺送りのときに起こった。

小さな棺を父が背負い、墓地まで歩く。たった二人だけの葬列だ。その葬列を見送る影があった。猿だ。猿が道々に姿を現し、まるで嘲笑うかのように歯を剥いたのだ。

「あいつら、正一を嗤っているな」

父親はポツリと呟くと、憎々しげに道端の石を蹴った。

その日から、父親は変わった。まるで憎しみをぶつけるかのように、猿を狩り、その身を裂いた。今までの丁寧な皮剥きではない。時には止め刺しをする前に、生きたまま腹を裂くのも見かけた。集落からは益々孤立していく。父親の目には常にギラギラとした鈍い光が宿っていた。

精神の安定を父親は酒に頼った。酩酊した状態で狩猟に出ることも増え、正気でいる時間も徐々に減っていった。

その頃から、奇妙なことが起き始めた。雨の日の夜、家の戸口に誰か立つのである。

「寒い、寒い、苦しい、苦しい」

その人物は戸の向こう側から、悲痛な呻き声とともにそう呟き続ける。紛れもない、正一さんの声だった。

意を決して扉を開けるも、そこには誰もいない。それでも暫くすると人影が戻り、また悲痛な声を上げ始める。これには、武藤さんも父親も参ってしまった。

正一さんの魂が彷徨(さまよ)っているに違いない。そう思って、せめてもの慰めで滝壺へ正一さんの着物や好物を放り込んだ。しかし、一向に声が止まない。

昼は憎い猿を惨殺し、夜は息子の霊に苛まれる。

父親は加速度的に神経を病み、呪詛を吐いたり謝罪をしたり、涙を流しながら彷徨くことが増えた。

ある嵐の夜だった。

相変わらず戸口に立つ兄の霊に謝り続ける父親だったが、その日は意を決したように扉を開けたのだ。いつものように姿が見えないと思いきや、戸口から少し離れたところに、青い絣（かすり）の着物を身に着けた、小柄な影が見えた。

「正一！」

父親が叫ぶと同時に、その影はくるっと後ろを振り向き走り出す。嵐の中だというのに、父親は裸足のまま駆け出した。仰天した武藤さんは、父親の履物を持って、走る二つの影を追う。走りながら気付いた。影は、正一さんが溺れ死んだ川へと向かっていった。

いつにも増して川は轟轟（ごうごう）と渦を巻き、普段だったら河岸となっている部分も水没し始めていた。この場所には、兄が亡くなって以来、近付いたことがなかった。

苦い記憶を再現するかのように、青い絣の着物の人影は、跳ねるようにして川を渡っていく。見れば、川にはあのときのように白い飛び石が浮かび上がっている。

「待ってくれ、待ってくれよ」

そう泣き叫びながら、父親が後に続く。

「おっとう、駄目だ！」

武藤さんの声は届かない。

父親がちょうど川の真ん中に差し掛かったときだった。ぐらりとバランスを崩し、川の中へ転落した。辛うじて飛び石にしがみついているものの、今にも流されてしまいそうだ。

誰か、人を呼んでこなくては。そう思った矢先だった。

どぶん。

武藤さんの目の前にあった白い飛び石が水中へと没した。続いて、二つ目、三つ目と、飛び石は次々沈んでいった。まるで夜闇の星が流れて消えるように、少しずつ川が黒く塗り潰されていく。

父親はそれを唖然とした表情で見ていたが、急に全てを悟った様子になり、武藤さんに顔を向けた。何かを叫んでいる。一際大きな濁流がざぶんと父に重なった後、その姿は飛び石ごと消えてしまった。後には、ただ轟轟とうねる黒い闇だけが目の前に広がっていた。

翌々日。まるで嵐などなかったかのように晴天の下、滝壺の中でクルクルと回る父親の遺体が発見された。無数の石の礫（つぶて）で擦り切れたのだろう、殆ど原形を留めていなかった。ただ、引き揚げられた父親の遺体は、何かを後生大事に抱えていた。死後硬直なのか、腹にぐるんと巻き込まれてよく見えないが、白い石のように見えた。

漸く父親の遺体から引き離されたそれを見て、武藤さんは戦慄した。猿の頭蓋骨だった。兄と父親が踏んで彼岸へと渡っていったものの正体に、涙が溢れて止まらなかった。

ギャギャギャギャギャッ！

不意に、対岸から鋭い猿の声が響いた。目を向ければ、数頭の猿達がこちらを見て身体を揺すっている。まるで嘲笑っているかのように見えた。

その内の一頭、特に大きな体躯の猿には、何か巻き付いているように見えた。目を凝らす。青い絣の着物だった。

孤児となった武藤さんは縁戚の家に引き取られ、一転して貧しい生活となった。苦労に苦労を重ねたが、十三のときには銃を手に取り、狩猟を始めたという。

「あのとき、今際（いまわ）の際に、親父は俺にこう言ったんだ。『お前は猿を獲るな』って」

そう言って、酒を呷った。

「それじゃあ、何でまた親父の遺言を無視して猿撃ちをするようになったんですか」

前田さんが訝しげな顔で訊ねると、武藤さんは照れたように笑う。

「親父と兄貴が、戸口に立つからだよ」

俺は寂しがり屋だからな。

そう言って、武藤さんはまた静かに酒を啜った。

寛治さんが生まれ育った集落は、一辺が海、残りの三辺が山に囲まれているという立地もあって、一次産業に従事する人が多くいた。戦争で大きな被害を受けることもなかった集落では、豊かな自然を享受して、財を成した者も現れたという。

宇喜田氏もその類だった。彼は近海で獲れる海産物を使った乾物を大々的に製造し、地域の有力者の一人となった。戦争で片足を失った代わりに勲章を得た。剛毅な性格と類まれなる商才、そして集落内で勝ち得た信頼が功を奏したのだろう。宇喜田氏は手に入れた財産で金貸しを始め、集落内では彼に頭が上がらない人間も増えていった。

そんな宇喜田氏も、かつては鉄砲撃ちとしてイノシシ狩りをしていた時期がある。失った片足は義足で補ったが、幾ら上等な義足と言っても山歩きには向かない。

普段は彼を含む複数名で獣を追いこみ、最後に彼の鉄砲で止め刺しをしていたが、思うようについていけない自分が、お情けで獲物を手にしている事実に嫌気が差したのだろう。集落の若い漁師に小遣いをやって小舟を操舵させ、その上から海鳥を撃つことで気持ちを慰めていた。

しかし、本音としては、以前のように山に入りたかったようだ。

鉄砲を磨きながら、恨めしそうに山を見遣る宇喜田氏の姿を、集落の人間は何度も目撃していた。


その日、寛治さんは午前中に漁の仕事を終え、漁船の傍で網の手入れをしていた。

そろそろ昼飯にでもしようか。そう思って立ち上がったところで、宇喜田氏が何やら息せき切って走ってきた。

「寛治さん、あんた、船を出してくれんだろうか」

どうしたのかと訊ねてみたところ、どうも、小型のイノシシが向こう小島に向かって泳いでいくのを見たのだという。大方、山で犬に追われて逃げてきたのだろう。

「小遣いをやるから、あんたの船の上から撃たせてくれないか。久しぶりに、イノシシを獲りたいんだ。あんたにも肉を分けてやるから」

頼むよ。

そう言って拝み倒す宇喜田氏だったが、寛治さんはどうにも気が進まなかった。

というのも、片足が義足である宇喜田氏が乗り込むのは安全上の不安が大きかったのだ。

まして、鉄砲を持ってだなんて、下手に体勢を崩して暴発などしたら、事が事である。

加えて、集落の漁師の中には昔から禁忌とされていることがあった。

「宇喜田さん、あんたも知っているだろうが、船に獣は乗せられないよ」

海の神様が不浄を嫌うため、獣を船に乗せていると災いが起きる。そんな言い伝えは、寛治さんが幼い頃から散々言われてきたことだった。

昔、子供が手作りの筏(いかだ)に犬を乗せて遊んでいたら、それまで凪(な)いでいた海が急に荒れ始め、大きな波が子供と犬を連れ去ってしまったという話があった。そのような話を、幼い頃から散々大人達に聞かされて育った。幾ら迷信だとは分かってはいても、船乗りは縁起を担ぐもので、それは寛治さんに限ったことではない。

宇喜田氏も重々分かっているのだろう。あくまでイノシシを撃たせてくれればそれで構わない。船には乗せず、放血しながらロープで引っ張っていくからと拝み倒してきた。

宇喜田氏には何度か冬の油代を借りた身である。恩がある。

「毛皮も牙も骨も、全部やるから」

そう説得され、寛治さんは渋々宇喜田氏が搭乗することを許可した。

既に宇喜田氏がイノシシを発見してから十分以上が経っていた。

流石にもう向こう小島に着いてしまっているかと思っていたが、イノシシはパニックになっていたのだろう。小島より更に沖のほうへと泳ぎ続けていた。

向こう小島には小さな社が祀られているし、そこでの殺生にならなくて良かった。

寛治さんがそう考えている横で、宇喜田氏は鉄砲に弾を込め、狙いを定めている。

「ちょっと、寛治さん。こっちは金を払っているんだから、身体を押さえていてくれ」

随分横柄な物言いにカチンときたが、仕方なく寛治さんは操舵の手を止め、宇喜田氏の身体に手を添える。

そのとき、妙なことに気が付いた。

何処かから、鉦（かね）を叩く音や笛の音、太鼓の音が聞こえてくるのである。

辺りを見渡しても大海原が広がっているばかりだ。しかし、微かにではあるが、確かに聞こえるのだ。見れば、二十メートルほど先にいるイノシシも、まるで何かに追い立てられるかのように、頻繁に泳ぐ方向を変えている。

何だか、妙だ。

「ちょっと、宇喜田さん。何だか様子が変だ。一旦、構えるのをやめてくれ」

寛治さんの発言をわざと掻き消すかのように、銃の轟音が響いた。

命中したのだろう。イノシシの悲鳴が、発砲音で麻痺した耳にも微かに届いた。しかし致命傷には至らなかったのか、イノシシは再び方向転換し、船へと向かってきた。

「あのイノシシ、錯乱していやがるな」

何だか胸騒ぎがした。銃を構え直す宇喜田氏を、寛治さんが強引に止める。

先ほどから妙な気配がすると、宇喜田氏に確認を取ろうと思っていたのだ。

「おい、来るぞ。来るぞ」

宇喜田氏が指を指す先には、最後の力を振り絞ったイノシシが、必死の形相で迫ってきていた。あろうことか、貴奴（きゃつ）は船の縁に齧り付いた。

宇喜田氏は悲鳴を上げながら、銃床でイノシシの頭を何度も殴りつける。その度に血が飛び散り、鈍い音が響いた。

程なくしてイノシシは絶命したのか、その身体はずるずると海中に沈み始める。

「まずい。沈んじまう。寛治さん、船に揚げるのを手伝ってくれ」

「冗談じゃない。陸でも言ったが、獣は船に揚げられないんだ。ロープを持ってくるから、くれぐれもそのまま待っていてくれ」

絶対に船には揚げるな。そう何度も厳命し、操舵室まで大急ぎで戻る。

船を牽引するためのロープでは、イノシシの身体を縛るには厳しかろう。もう少し細いものはないか。室内をひっくり返しながら探しているときだった。

大音量で、先ほど聞こえたお囃子のような音楽が響き始めた。まるで、ラジオの音量のつまみを限界まで捻り上げられたようだ。

　大慌てで甲板まで飛び出してみると、当惑した表情で宇喜田氏が座り込んでいる。その傍らには、海水と血でぐっしょりと濡れたイノシシが横たわっていた。

「宇喜田さん！　あんた、待ってくれって言ったじゃないか。獣を揚げないと約束しただろ」

「寛治さん。そんなことより、この音楽は何なんだ。何処から聞こえるんだ」

　激高する寛治さんを余所に、宇喜田氏はそわそわと落ち着かない様子である。

　どうもお囃子の音は、彼にも聞こえているようだ。何処から聞こえてくるのだろう。

　二人して耳を澄ませ、辺りをキョロキョロ見回していると、急に船底から突き上げられるような衝撃とともに、ぐらりと大きく船が揺れた。

　体勢が崩れ、ゴロゴロ後転しながら、船の反対側の縁に頭を思い切りぶつけた。

　急いで身体を立て直す。同じく、ひっくり返っていた宇喜田氏を引き起こすと、寛治さんは目の前の光景に愕然とした。

　先ほどまではあんなに晴れ渡っていた空に、台風のような重い雲が垂れ下がっているのだ。更には、うねる波も妙に粘っこく、黒いタールのようだった。

　どん。

　一つ、大きく太鼓を打つ音が聞こえた。

驚いて振り返る。

そこには、ひっくり返るまでには確かになかったはずの大きな帆船が、まるで潜水艦でも浮上したかのように、目と鼻の先に立ちはだかっていた。しかもその出で立ちは、どう見ても縁起絵の宝船にそっくりである。

太鼓の音に続いて、再び賑やかなお囃子が流れ始めた。明らかに音源はその船である。

しかし、上から下まで妙であった。

まず、少しも船体が揺れていない。

海上にくり抜いた絵を無理やり貼り付けたかのように、宝船はそこで微動だにせず鎮座している。

更に、船上には七柱の神々が並ぶはずが、そこには恵比寿の姿しかない。

というよりは、恵比寿の面を着けた狩衣指貫（かりぎぬさしぬき）姿の男が棒立ちしているのである。その衣装もまるで長年潮風に曝（さら）されたかのように色褪せ、今にも千切れそうなほどの襤褸である。

そして何より恐ろしかったのは、帆に書かれている文字だ。

宝船ならば「福」や「寶（たから）」など何某か縁起の良い言葉が刻まれているものだが、そこにはただ一文字「捌」とだけ記されている。

これはどうしたものか。目の前に立ちはだかるそれは、明らかに人知の及ぶ範囲を超えている。

少しも動けなかった。

すると、祭りの山場のようだったお囃子はピタリと止まり、しんと静まり返った。それまで吹いていた生温い風さえ止まり、まるで時の流れから切り離されたかのようだった。

どん。

再び、太鼓の音が鳴った。

奏者は何処にいるのだろう。見る限り、宝船の上には恵比寿面の男以外、何も見当たらない。

どん。どん。どん。どんどんどんどんどんどんどん。

何かを急き立てるかのように、太鼓の音が激しく、大きくなっていく。

もう限界だった。

先にぐるんと目を剥いて倒れたのは宇喜田氏だった。それに呼応するように、寛治さんも意識が遠のいた。

空を舞うウミネコの声に、ゆっくりと頭が覚醒する。

どれくらい眠っていたのか。昼一番に出たはずなのに、既に日は沈みかけている。

痛む後頭部を摩って外傷の有無を確認する。大きな瘤ができていた。どうも船が揺れたときに頭をぶつけてしまったようだ。

それにしても、嫌な夢を見た。

やはり船なぞ出すものではなかった。早く、陸へと戻ろう。

そう思いながらふと目を遣ると、甲板が真っ赤に染まっていた。その中央には、何か必死に作業をしている宇喜田氏の姿があった。

「ちょっと、宇喜田さん。何やってんだ」

すっかり彼の存在を忘れていた。見れば、山刀を使ってイノシシを解体している。

「何って、見れば分かるだろう」

そう言って、真っ青な顔で宇喜田氏は振り返った。

「捌けと、あの船には書かれていたじゃないか」

あれは夢だろうと、寛治さんは言えなかった。確かに、宇喜田氏は同じものを見ていた。

結局、イノシシは不浄な臓物を取り除き、海へと捧げることとなった。

二人で黙々と解体を終え、少し軽くなった身を波間に投げる。白い泡を纏いながら、イノシシは静かに海の底へと沈んでいった。

それを見届け、寛治さんは船のエンジンキーを回した。

斯(か)くして、出帆した船着き場へ無事に戻ることができた。

日が落ちても帰らない二人を心配したのだろう。船着き場には、漁連仲間が捜索の船を出すかの談議をしている真っ最中のようだった。

無事帰ってきた二人を取り囲む仲間達は、口々に心配と非難と安堵の声を上げた。寛治さんも宇喜田氏も、苦笑いしながら平身低頭するばかりだった。

「足りんな」

不意に、そんな言葉が響いた。

誰の声なのだろう。やいのやいの言う声に混じり、確かに聞こえた。

厳かな、有無を言わせぬような男の声だ。

気のせいか。

夏だというのに身体が震える。風邪でも引いたのかもしれない。

漁連仲間に心配させたことを詫びて、早々に帰らせてもらおう。

そう考え、口を開きかけたときだった。

「足りませんか。やっぱり、足りませんかね」

ギョッとして振り返る。今度の声の主は分かった。宇喜田氏だった。

「足りませんか。そうですか。それは大変失礼いたしました。今、お持ちしますので」

それだけ言うと、ふらふら胸を押さえて歩き出す。皆が呆気に取られてその様子を見ていると、宇喜田氏はそのまま海に向かって身を投げてしまった。

仰天して駆け寄るが、暗いことと船体の陰になっていることもあって、宇喜田氏の姿が見えない。ただ白い泡が立ち昇るばかりで、宇喜田氏が浮かんでくることはなかった。

大慌てで網を取りに行ったりしたものの、引き揚げられたときには既に宇喜田氏が水中に没してから三十分近くが経っていた。

死因は溺死であったが、心臓に疾患があったことから、不幸な事故ということで片付いてしまった。

その晩、寛治さんは奇妙な夢を見た。

船の上、いつものようにウィンチで網を引き揚げている。ふと視界が暗くなる。何だろうと顔を上げると、いつの間にか空は血を流したような夕焼けとなっている。

不意に、祭り囃子のような音楽が鳴り出す。激しく叩かれる鉦、鳴り狂う笛、そして急き立てるように響く太鼓。

「足りんな」

いつの間にか、目の前にはあの宝船がある。舳先（へさき）には、恵比寿面の男。その両脇には腹が開かれたイノシシと真っ白い顔をした宇喜田氏が控えている。

バサバサと、「捌」の字が書かれた帆がはためく。風が強いのに、船は微動だにしない。

「一本、足りなかろうが」

もう一度、男の声が響いたところで、寛治さんは目を覚ました。

早鐘を打つ心臓をどうにか落ち着かせながら、震える手で枕元に置いておいた水差しから水を喉に流し込んだ。

途端、全て吐き出した。猛烈な塩気。しかも磯臭かった。海水だ。

妻や子供がすり替えたとは思えない。

あれが来たのか。

まんじりともせず、震えながら夜を明かした。

そんなことがあってから日を空けず、寛治さんは船を降りることとなった。

揚網機に巻き込まれ、右足を切断する大怪我を負ったのだ。

これも何かの縁なのだろう。命までは取られなくて良かった。

そう思って、船は仲間に明け渡した。

幸いにも漁協の事務職に転職することができ、慣れないながらも帳簿付けなどの業務に奮闘する日々が続いた。

ある日、古い領収書の整理をしていると、とある表記が目に入って手が止まった。

「捌〇〇〇圓、正ニ受取候也」

捌――普段、目にする機会が少ないだけに、ドキッとした。

「ああ。そりゃ、戦前のもんだな。旧字で書かれてあるじゃないか」

覗き込んできた同僚がそう言って笑う。

捌とは八の大字だ。どうして、今の今までその考えを忘れていたのだろうか。

あの日、夢の中で見た「捌」の字は、イノシシを捌けという意味ではなかったのではないだろうか。

宇喜田氏の命を奪っても尚、足りなかった――。

目線を足元へと落とす。

在りし日の宇喜田氏と同様に、寛治さんも今は義足の身である。

あの宝船の帆に挙げられていた数は「八」だったということか。

古い領収書には、九の大字で玖が、十の大字で拾が、当たり前の顔で並んでいる。

あの帆に書かれていた文字が、もし別のものだったら――もしも「玖」以上の数字が記されていたら、今頃どうなっていただろう。

何事もなかったかのように仕事へ戻っていった同僚とは裏腹に、寛治さんはいつまで経っても震えが止まらなかった。

# あとがき

この度は「忌狩怪談 闇路」をお手に取っていただき、誠にありがとうございます。また、今昔様々な奇怪に纏わる記憶を著者に託してくださった皆様にも、厚く御礼申し上げます。読者、体験者、どちらが欠けても成立しないのが本書だと考えております。

本書は「闇路」という題を掲げています。

著者は幼い頃、夕暮れ時から夜に変わるあの瞬間を酷く恐ろしく感じていました。擦り切れんばかりに伸びた自分の影が、暮れなずむ中、じんわりと闇に溶けていってしまう。その瞬間、確かに自分と繋がっていたはずの命綱が切れてしまったような、他者との境界が曖昧になり、混ざり合ってしまったような、そんな妄想が子供心を苛みました。明るい方へ明るい方へと歩く内に帰り道を見失い、果ては街灯も月明かりも全て消え去り、遂にはブツンと全てが闇に塗り込められてしまう。そんな悪夢をよく見た記憶があります。

ただ恐ろしさを覚えるのは塗り込められた先ではなく、そこに至る過程なのです。

惧(おそ)れ、泣き惑い、死力を尽くして抵抗し、為す術なく疲れ果てて立ち尽くす。そんな根源的恐怖を共に追体験していただきたいと考え「闇路」と名付けた次第です。

本書を執筆する際、山で仕事をされている方に話を伺う機会をたくさんいただけました。

取材の過程で「何か怖い体験はないですか」と訊ねたところで「そんなものはないよ」と突っ撥ねられてしまっても、「では山の中で何かの視線を感じたり、奇妙な音を聴いたり、得体の知れない気配がしたことはありますか」と訊き直せば、九割の方が「ある」とお答えくださいました。ただそれは「山には説明のつかない、変なものが住んでいる」のが当然であって、取り立てて騒ぐほどのことではない。それゆえの謙遜だったようです。

まだまだ思いもよらない怪談が、日々の生活の営みの中に眠っているのかもしれません。


最後になりましたが、監修の加藤一先生、神沼三平太先生、編集の小川よりこ様。大変お忙しい毎日の中、筆も遅く連絡不精な私とともに歩みを重ねてくださり、心より感謝申し上げます。また、常に取材に同行してくれる友人の新倉氏、重ね重ねになりますがお話を寄せてくださった皆様、いつも応援してくださる読者の皆様に、厚く御礼申し上げます。

必ずまたどこかでお会いしましょう。

二〇二三年　若本衣織

**★読者アンケートのお願い**

本書のご感想をお寄せください。アンケートをお寄せいただきました方から抽選で10名様に図書カードを差し上げます。

（締切：2023年6月30日まで）

**応募フォームはこちら**

# 忌狩怪談 闇路

2023年6月5日　初版第一刷発行

著者……若本衣織
監修……神沼三平太、加藤 一
カバーデザイン……橋元浩明（sowhat.Inc）

発行人……後藤明信
発行所……株式会社　竹書房
〒102-0075　東京都千代田区三番町8-1　三番町東急ビル6F
email: info@takeshobo.co.jp
http://www.takeshobo.co.jp
印刷・製本……中央精版印刷株式会社